Pfaue · Teufels Großmutter

Justus Pfaue

Teufels Großmutter

oder
Der Himmel auf Erden

Illustrationen von
Janos Zsigmond v. Lemheny

Loewe

CIP-Kurztitelaufnahme der Deutschen Bibliothek

Pfaue, Justus:
Teufels Großmutter oder Der Himmel auf Erden /
Justus Pfaue. – 1. Aufl. – Bindlach: Loewe, 1986.
ISBN 3-7855-2052-2

ISBN 3-7855-2052-2 – 1. Auflage 1986

Illustrationen von Janos Zsigmond v. Lemheny
Umschlagfoto von Hipp-Foto
Satz: Fotosatz Glücker, Würzburg
Druck und Bindung: Wiener Verlag, Himberg
Printed in Austria

Inhalt

Für Albertine Randhan, meine Großmutter,
die immer eine Oma sein wollte
und sich niemals ihr Haar hellblond
oder kastanienrot färbte, als es grau wurde.

Dieses Buch konnte nicht ohne die hilfreiche
Unterstützung von Marion Finsterbusch
und Michael Binnenbruck entstehen.

Ein Sonntag und seine Folgen

Im Jahr 1869 gründete Dorothea Teufels Großvater die Bootswerft „Teufel-Boote für Handel und Regatta". Genaugenommen hieß der Gründergroßvater noch nicht Teufel, sondern Düvel, Tyske Düvel, und entstammte einer uralten norwegischen Bootsbauerdynastie. Als sechster von sieben Söhnen mußte er, wie vier seiner Brüder, selbst sehen, wie er sein Glück machte.

Tyske zog also nach Deutschland, arbeitete in Hamburg, Bremerhaven und Emden als Bootsbauergeselle und sparte eisern – fast zehn Jahre lang. Dann hatte er genügend Goldmark zusammen, um ausgerechnet in Berlin eine eigene Bootsbaufirma zu gründen. Das war gar nicht so dumm, wie man zunächst meinen könnte, denn in Berlin gibt es mehr Seen als in irgendeiner anderen europäischen Stadt.

Berlin gefiel Tyske überhaupt sehr gut, vor allem die Berliner Mädchen. Er behauptete immer, es gäbe in Berlin so viele häßliche Mädchen wie Walfische im Wannsee, nämlich keine.

Tyske Düvel prüfte lange, bevor er eine der Berliner Schönheiten um ihre Hand bat. Die sagte nicht etwa gleich ja, sondern prüfte, ob Tyske auch der Richtige sei. Rein äußerlich gefiel er ihr ganz gut, aber ihr Vater wollte dringend einen Blick in die Bilanzen der Bootsbaufirma werfen. Die konnten sich offenbar ebenfalls sehen lassen, und so kam es zu einer norwegisch-deutschen Verbindung. (In den alten Tagen war die Liebe *eine* Sache, die Sicherung der Zukunft eine andere – frei nach einer Bauernweisheit aus der Mark Brandenburg: Drum prüfe, was sich ewig bindet, daß Hektar sich zu Hektar findet!)

Es wurde eine stürmische Ehe.

Aus Düvel wurde Teufel, und die Boote gleichen Namens bestachen durch beste Qualität. Bald gehörte es zum guten Ton der Berliner Gesellschaft, ein Teufel-Boot unter Segel zu haben.

Dorothea erinnerte sich gerne an ihre Großeltern, vielleicht sogar ein bißchen lieber als an ihre Eltern. Die wollten partout eine höhere Tochter aus ihr machen, während sie sich schon als kleines Mädchen lieber auf der Bootswerft herumtrieb. Was leider nur ihre Großeltern mit stolzer Freude erfüllte.

Dorothea war überhaupt eher ein Großelternkind: Sie hatte von beiden die auffälligsten Eigenschaften geerbt.

Tyske war sehr tüchtig, laut und jähzornig, seine Frau, die auch schon Dorothea hieß, sehr tüchtig, jähzornig und laut. Sie liebten klare Entscheidungen und waren im übrigen von Herzen gute und liebe Menschen, auch wenn sie von ihren Porträts im Kontor der Bootswerft grimmig auf die Besucher herabstarrten.

Inzwischen war mehr als ein halbes Jahrhundert vergangen, und Dorothea machte auch als Großmutter den Teufelsahnen alle Ehre.

Es war ein Sonntagmorgen im August, 6 Uhr 30, und Dorothea lag nicht in ihrem Bett, wie es alle vernünftigen Menschen sonntags morgens um 6 Uhr 30 tun, sondern war in ihr Büro gezogen. Sie hatte schlechte Laune, weil sie sich den ganzen jungen Tag lang schon geärgert hatte, und dachte über ihr Leben nach.

An diesem Sonntagmorgen hielt sie es für absolut verpfuscht.

Selbst Leute, die sie gut kannten und liebten (und davon gab es eine ganze Menge), hätten jedem ihrer trüben Gedanken zugestimmt. Allerdings mit der Einschränkung, daß sie ihr zugerufen hätten: Liebe Oma Teufel, deine ganze schlechte Laune, deine rachelüsternen Gedanken, überhaupt alles, was du jetzt hemmungslos beklagst, hast du nur deinem Dickkopf zu verdanken.

Aber der Reihe nach. Das Hauptkümmernis an diesem Morgen war zugleich der schlimmste Tiefpunkt in Dorotheas Leben: Kurz nach ihrem sechsunddreißigsten Hochzeitstag hatte Dorothea sich von ihrem geliebten Mann F. H. scheiden lassen. F. H. war die zeitsparende Abkürzung für Friedrich Herbert Vollmer. Dr. F. H. Vollmer, Rechtsanwalt und Notar, erfolgreich im Beruf wie seine liebe Dorothea, bis er sich vor drei Jahren zur Ruhe gesetzt hatte. Seitdem arbeitete er nur noch gelegentlich als Notar. Selbst im fortgeschrittenen Alter von achtundsechzig war F. H. noch ein außergewöhnlich gutaussehender Mann. Das war auch der Grund für die Scheidung gewesen.

Am Hochzeitstag hatte Dorothea höchstpersönlich das Lieblingsessen von F. H. gekocht: Königsberger Klopse mit viel Kapern, frischen Salzkartoffeln und gemischtem Salat. F. H. machte wie gewöhnlich seinen morgendlichen Spaziergang, um seine Lungen mit frischer Luft vollzutanken und sie zu erweitern, wie er das zu bezeichnen pflegte.

Tochter Hetty, die mit ihrem Mann Frank und den Enkelkindern Doris, 12 Jahre, und Friedrich, 15 Jahre, ebenfalls das großzügige Haus bewohnte, hatte in der Waschküche zu tun. So war die Küche für Dorothea frei, und sie brachte im Nu die von Hetty immer peinlichst hergestellte Ordnung völlig durcheinander. Aber in diesem Chaos entstanden die köstlichsten Klopse, die es auf Erden je zu essen gab.

Von Hetty, ihrem Mann Frank und den Kindern ist später zu berichten, denn sie sind in der Rangfolge von

Dorotheas Kümmernissen an jenem Sonntagmorgen die Numero zwei.

Zurück zu den Königsberger Klopsen. Schließlich waren sie fertig, dampften in der Schüssel. Dorothea hatte den Tisch in der Eßdiele festlich gedeckt und mit einem letzten angewiderten Blick auf die Unordnung in der Küche die Tür hinter sich zugeschlagen. Hetty würde es schon wieder richten!

Da betrat F. H. das Haus. Es war für Dorothea ein Schock. Ihr F. H. war ein neuer Mann. Offensichtlich in einem Anfall von Altersschwachsinn hatte sich ihr Gatte in eine Boutique für junge Leute begeben und neu eingekleidet. Bis zu diesem Tag war F. H. immer als eine sehr gepflegte Parodie eines englischen Lords durchs Leben gegangen: sehr dezent und doch von lässiger Eleganz. So kannte und schätzte ihn jeder.

Nicht so an diesem Tag. F. H. hatte sich ein kariertes Hütchen mit schmaler Krempe und flammend grünem Hutband gekauft. Robin Hood und seine Gesetzlosen mochten in den Wäldern von Sherwood solche Hüte getragen haben, zumindest in den Filmen, doch auf F. H.'s edlem Haupte wirkte die Kopfbedeckung einfach zu keß – fand Dorothea.

Und dann die Schuhe! Sehr sportlich mit quietschenden Kreppsohlen. Dazu karierte Golfhosen, auch nicht unflott, aber bitte nicht für ihren F. H.; eher für jene Kunden ihrer Bootswerft, die sie absolut nicht leiden konnte. Kunden, die sich die Boote immer eine Nummer zu groß bestellten, obwohl sie schon mit der Nummer kleiner nicht zurechtkamen. Außerdem zahlten diese Leute immer unpünktlich.

Zur karierten Golfhose trug F. H. eine sehr sportliche Lederjacke, die Enkel Friedrich gestanden hätte, aber nicht dem alten Notar. Die feinen englischen Sachen trug F. H. lieblos in einer Plastiktüte.

Dorothea war wie vom Donner gerührt.

F. H. überreichte Dorothea einen Strauß roter Rosen. „Für dich, mein Schatz. Alles Gute, alles Liebe – oh, riecht das aber gut. Was ist es denn?"

„Klopse natürlich, was sonst, siehst du doch."

„Ach ja", sagte F. H. Aber er sagte es irgendwie fahrig. Oder auch verlegen. Denn obwohl er auch die Brille nicht mehr trug, die er für gewöhnlich tragen mußte, sah er deutlich, daß Dorothea ihn eisig musterte.

„Es ist so über mich gekommen, mein Schatz. Ich finde, es steht mir gut, und im Alter muß man auch irgendwann mal einen Neubeginn starten. Stimmt's? Ich war das ganze Leben lang ein englisches Schaf, gediegen und bedeckt. Ab heute genießen wir beide das Leben und werden zu Löwen." Sagte es und wollte Dorothea einen dicken Kuß geben. Aber die wich zurück.

„Wir waren Schafe, und jetzt wirst du ein Löwe? Hast du den Verstand verloren? F. H., du siehst einfach albern aus. Wir sind alte Leute, da rennt man nicht rum, wie du jetzt herumrennst."

„Ältere Leute", erwiderte F. H. gekränkt und schleuderte die Plastiktüte in die Ecke der Eßdiele. „Außerdem habe ich auch ein neues Auto bestellt. Unser Wagen ist einfach zu alt und zu altmodisch. Aber heute werden wir es noch einmal benutzen. Ich lade dich zum Essen ein."

„Ich habe dein Lieblingsessen gekocht." Dorotheas Stimme wurde gefährlich leise.

„Königsberger Klopse sind etwas für Schafe. Wir essen heute wie Löwen, nämlich französisch. Nur vom Feinsten. Zieh dich bitte um."

„Ich bin umgezogen und will Königsberger Klopse essen."

„Vielleicht das himmelblaue Seidenkleid, das macht dich sehr flott."

Um die Sache kurz zu machen: An diesem Tag wußte Dorothea, daß ihr F. H. sich verändert hatte. Die Königsberger Klopse schmeckten nicht, ausgegangen wurde auch nicht, und vierzehn Tage später stand tatsächlich ein sehr sportliches Auto vor der Tür. F. H. redete nur noch von dem Wagen und daß er, wenn er nur wolle, 220 Stundenkilometer damit fahren könne, und überhaupt müsse man die alte Familienkutsche verkaufen.

Dorothea hatte in den vergangenen zwei Wochen mit F. H. kein Wort mehr gewechselt und mit Hetty, Frank und den Kindern nur noch das Nötigste. Sie war davon überzeugt, daß F. H. in einem Anfall unentschuldbarer Jugendlichkeit einer anderen Frau nachlief.

Aber das stimmte nicht. Es war nicht *eine* andere Frau, sondern Frauen überhaupt. Vor allem junge Mädchen. Heimlich stolzierte F. H. sogar in das Eiscafé, schäkerte mit den Kellnerinnen und grinste völlig verblödet die Teenager an. Nur – heimlich war bei Dorothea nichts zu machen. Sie beobachtete ihn durch die Glasscheibe des Eissalons und sah, wie ihr F. H. nekkisch um einen Löffel Vanilleeis von einer Zwanzigjährigen bettelte. Zuvor hatte er den Eisbecher selbstverständlich bezahlt.

Das war der Grund, warum Dorothea die Scheidung eingereicht hatte.

Eigentlich war das gar kein richtiger Grund, überlegte sie an diesem traurigen Sonntagmorgen. Doch nun war es zu spät. Oder vielleicht doch nicht ganz? F. H. war zwar aus der gemeinsamen Villa ausgezogen und hatte sich in der Stadt eine – zugegebenerweise – ausgesprochen geschmackvoll eingerichtete, sehr hübsche und außergewöhnlich praktische Wohnung genommen, besuchte aber seine Exfrau, seine Tochter, seinen Schwiegersohn und seine Enkelkinder täglich. Es war fast so wie früher. Nur daß Dorothea kein Wort mit F. H. sprach, aber ziemlich nervös durch die Vorhänge ihres Schlafzimmerfensters blickte, wenn er sich bei seinen täglichen Besuchen auch nur um Minuten verspätete.

Die Sache mit dem albernen Pepita-Robin-Hood-Hütchen, den Kreppsohlenschuhen und den Golfhosen hatte F. H. ohnehin bald abgetan. Nur die flotte Lederjacke brauchte er für seinen 220 Stundenkilometer schnellen Renner.

Das also war Dorothea Vollmers, genannt Teufel, größtes Problem an diesem Sonntagmorgen. Das zweite war gerade anderthalb Stunden alt.

Von ihrem Großvater Tyske hatte Dorothea eiskaltes Blut und einen eisernen Willen geerbt. Von ihrer Großmutter das gleiche noch einmal. Und wiederum von beiden eine ungeheure Großzügigkeit und Güte, die nur vor Kleinigkeiten haltmachte. Was das hieß? Also, in großen Dingen war sie großzügig und in kleinen Dingen kleinlich. Wenn zum Beispiel ein Lehrling ihrer Bootswerft zu ihr kam und am Zwanzigsten des Monats einen Vorschuß von 50 Mark haben wollte, sagte sie grundsätzlich nein. Einfach aus erzieherischen Gründen, weil sie zutiefst davon überzeugt war, daß jeder, auch ein Lehrling, sein Geld einteilen sollte. Kam aber der nämliche Lehrling am Zwanzigsten des Monats und beichtete, daß er trotz mangelnder finanzieller Möglichkeiten ein gebrauchtes Moped, also ein sagenhaft günstiges Angebot wahrgenommen hätte, ihm aber leider 350 Mark für diese einmalige Anschaffung fehlten, griff Dorothea sofort in die Kasse, händigte dem Lehrling 350 Mark aus, zog es im Laufe von vielen, vielen Monaten langsam und unmerklich vom Lehrlingslohn ab und freute sich mit dem Jungen über das neue Moped. So war sie.

Wurde einer ihrer Mitarbeiter Vater, gab es für ihn

kein Pardon. Er mußte, ob er wollte oder nicht, Dorothea zur Taufpatin bestellen. Die meisten wollten natürlich, denn Dorothea war eine sehr großzügige Patin. Von ihrer kleinlichen Großzügigkeit konnten alle ein Lied singen. Ihre Familie, ihre Mitarbeiter, ihre Bekannten.

Sie nahm sich allerdings ihren Mitmenschen gegenüber auch einiges heraus. Wie an jenem Sonntagmorgen ...

Der Stein des Anstoßes war Wolfgang Amadeus Mozart.

Dorothea liebte Musik. Sie war keineswegs einseitig auf Klassik eingeschworen oder modisch-tümelnd auf Pop und Rock, nein, es mußte ihr nur gefallen. Mozart gefiel ihr allerdings ein bißchen besser als alles andere.

In ihrem Schlafzimmer befand sich die größte Stereoanlage des Hauses. Das heißt schon etwas, wenn man bedenkt, daß ein ebenfalls musikbegeisterter fünfzehnjähriger Enkel unter dem gleichen Dach wohnte.

Die gewaltige Stereoanlage hatte F. H. ihr zum fünfunddreißigsten Hochzeitstag geschenkt. Die Lautsprecherboxen waren jeweils 1 Meter 80 hoch. Der Verstärker leistete 180 Watt, und die gesamte hypermoderne Anlage konnte mit Hilfe der Fernbedienung vom Bett aus gesteuert werden.

Und so donnerte Sonntagmorgen um halb fünf die Ouvertüre zur Mozart-Oper „Don Giovanni“ in voller Lautstärke los, während der Rest der Familie noch tief schlief. Alle schreckten hoch, bis auf Frank. Der schlief sowieso mit Watte in den Ohren.

Tochter Hetty war als erste auf den Beinen. Sie stürzte in Dorotheas Schlafzimmer und versuchte, gegen Mozart anzubrüllen. Dann erschienen auch Friedrich und Doris. Alle waren stinksauer.

Dorothea verstand wirklich nicht, was man gegen Mozart haben könne, diesen gewaltigen Tonschöpfer,

diesen Titanen der Konzert- und Opernhäuser. Als Hetty den Netzstecker herauszog und die Ouvertüre zu „Don Giovanni“ jaulend erstarb, war Dorothea wütend. Sie stand auf, nahm eine kalte Dusche, zog sich an, klaute sich Doris’ Fahrrad und radelte stramme acht Kilometer zur Bootswerft.

Da saß sie nun in ihrem Büro und grübelte über den zweiten mißlichen Punkt ihres verpfuschten Lebens nach.

Durch die Radelei war sie ein wenig außer Atem gekommen, und so hatte sie schnell die Lösung Nummer eins: Sie beschloß, ebenfalls einen Sportwagen zu kaufen, knallrot und in jedem Fall schneller als 220 Stundenkilometer.

Lösung Numero zwei: Hetty, der forschende Frank und ihre heißgeliebten Enkelkinder mußten das Haus verlassen. Das war nun eigentlich keine Lösung, sondern nur ein trauriger, nichtsdestotrotz vernünftiger Entschluß.

Dorothea liebte ihre Tochter Hetty sehr. Das einzige, was sie an ihr nicht ausstehen konnte, war, daß sie in vielen ihrer Charaktereigenschaften genauso war wie sie selbst. Genauso dickköpfig, genauso temperamentvoll und genauso rechthaberisch.

Deswegen war Frank auch der richtige Ehemann für Hetty. Frank war ein hochbegabter Pharmazeut und Chemiker und galt in dem chemischen Werk als Spitzenkraft. Allerdings war er nicht der Leiter der Forschungsabteilung, sondern schon seit Jahren dessen Stellvertreter. Sein Chef war wissenschaftlich bei weitem nicht so auf Draht, aber er konnte die mindere Qualifikation mit Gewitztheit vertuschen. In allen Klubs, in denen sich die Vorstandsmitglieder der Chemiewerke trafen oder treffen mußten, war auch Franks Chef anzutreffen. Frank selbst hätte vor lauter Schreck, sich in Nobelrestaurants, Hotelbars oder Bridgezirkel begeben zu müssen, sicherlich Nesselfieber bekommen. Er interessierte sich nur für seine Arbeit und für Hetty und die Kinder, wenn sie darum baten. Zumeist las er sogar bei Tisch in seinen Fachbüchern, obwohl er einige davon selbst geschrieben hatte.

Hetty wollte ihren Frank immer zur Karriere anstacheln und hatte vielleicht recht damit, doch Frank fand das Leben so, wie es war, recht bequem. Und das war es ja auch. Die eindrucksvoll große Villa bot ihm genügend Platz, sich zu verdrücken, wenn er allein sein wollte. Niemals wäre er auf die Idee gekommen, ein eigenes Haus zu bauen oder eine Wohnung zu suchen.

Auch Hetty hatte nicht im Traum daran gedacht, ihr Elternhaus nach ihrer Heirat zu verlassen. Es war ja Platz genug da. Doris und Friedrich wollten sowieso nie weg, denn mit der Großmutter und F. H. unter einem Dach zu wohnen, hatte ungeheure Vorteile.

Hetty achtete streng auf das Taschengeld der Kinder, und Dorothea fand das sehr richtig. Sie fand es aber auch sehr richtig, daß ihre Enkelkinder jedes Jahr die neuesten Tennisschläger bekamen, die von gewissenlosen Tennisschlägerfirmen auf den Markt geworfen wurden.

Die Familie spielte nämlich Tennis. Hetty, um in Form zu bleiben, Friedrich, weil er es sehr gut konnte, Doris, weil sie abnehmen wollte, und F. H., weil er es sowieso sein ganzes Leben lang getan hatte. Sogar Frank ging einmal in der Woche mit in den Tennisklub. Obwohl er nie so richtig bei der Sache war, hatte er dennoch eine gefürchtete Vorhand.

Nur Dorothea spielte nicht, ging aber trotzdem mit, weil sie ein begeisterter Schiedsrichter war. Das lag ihr auch mehr, vom hohen Schiedsrichterstuhl aus alles zu bestimmen!

Äußerlich gesehen schien das Familienleben des Ehepaares Teufel, das in Wahrheit Vollmer hieß, und das Zusammenleben mit Tochter, Schwiegersohn und Enkelkindern zu stimmen; zumindest bis zur Scheidung. Aber dann gab es diesen Bruch. Dorothea hatte schon seit Jahren geahnt, daß sich Frank, Hetty und die Kinder immer auf sie und F. H. verließen und daß sie das Leben irgendwie zu leicht nahmen, weil Dorothea es ihnen sehr leicht machte. Trotz ihrer Herrschsüchtigkeit und trotz Mozart am Sonntagmorgen.

Dorothea beschloß also, Hetty und Familie rauszuwerfen.

Sie verließ das Büro, ging über den Hof der Bootswerft und fand die Tür zum Holzschuppen unverschlossen. In diesem Holzschuppen lagerte jahrzehntealtes, kostbarstes Zedern-, Teak- und Mahagoniholz für den Bootsbau. Ein Vermögen! Dorotheas Laune wurde noch schlechter.

Nachdem sie auch diese Tür abgeschlossen hatte, strampelte sie die acht Kilometer zurück. Bei jedem Keuchen summte es in ihrem Kopf: „Roter Sportwagen, schneller als der von F. H." und „Hetty muß auf eigene Beine kommen".

Am Park, ganz in der Nähe ihrer Villa, verschnaufte sie ein Weilchen. Es waren die üblichen Sonntagmorgen-Hundeausführer unterwegs. Dackel tobten durcheinander, Promenadenmischungen kläfften. Eine Dame von ungefähr fünfundvierzig Jahren führte ihren schnöseligen Afghanen über einen Parkweg.

F. H. begleitete sie.

Dorothea verschwand hinter einem Baum. Hatte ihr die Radelei schon die Luft geraubt, jetzt stockte ihr endgültig der Atem. Ihr Exmann mit einer wesentlich jüngeren Frau am Sonntagmorgen im Park beim Hundeausführen. Das war zuviel!

Dorothea liebte Hunde. In diesem Augenblick wurde ihr klar, daß sie eine Rasse nicht ausstehen konnte: Afghanen.

F. H. hatte sie nicht bemerkt. Dorothea kochte vor Eifersucht. Wer war der fremde Hund und wer diese alberne Blondine? Dorothea war nicht mehr in der Lage, in die Pedale zu treten, und schob das Fahrrad nach Hause.

Dort traf sie ihre Familie, wild über die nächtliche Ruhestörung diskutierend, am Frühstückstisch. Zuerst hatte man Dorotheas Eintreten nicht bemerkt, aber als sie am Tisch stand, erstarb die Auseinandersetzung über Mozart und rücksichtslose Großmütter auf der Stelle.

Eisiges Schweigen breitete sich aus.

„Du mußt das verstehen, Mutter", sagte Hetty schließlich, „aber es gibt für alles eine gewisse Grenze. So einen gewissen Punkt, über den wir reden müssen. Nicht wahr, Frank?"

Die Familie war nicht nur wegen des jähen Erwachens mit Mozart schlecht gelaunt. Erschwerend kam noch hinzu, daß Hetty ihre Lieben auf einen Gesundheitstrip geschickt hatte, der sieben Tage dauern sollte und unter der unschönen Bezeichnung „Sieben-Tage-Körner-Diät“ in Reformhäusern käuflich zu erwerben war. Das bedeutete sieben Tage lang Reis, Hirse, Weizen, Graupen oder Hafer, salzlos, nur mit Wasser gekocht. Dazu Hagebuttentee. An diesem Sonntagmorgen gab es Hirsebrei – und sonst nichts.

Als Dorothea das sah, ekelte es sie sofort. Nur Hettys Schüsselchen war zur Hälfte geleert. Friedrich stocherte mit dem Löffel in der breiigen Masse herum, Doris rührte sie nicht an, Frank stippte immer wieder fassungslos den Finger in den Brei, schleckte ihn ab und fand es widerlich.

„Wir haben ja nichts gegen Mozart, Mutter, aber alles zu seiner Zeit.“

„Ich habe auch nichts gegen euch“, erwiderte Dorothea und betonte, daß sie einen Entschluß gefaßt habe. Hetty wollte natürlich wissen, welche Art von Entschlüssen ihre Mutter einsam faßte, ohne sie der Familie mitzuteilen. Aber Dorothea schwieg, und das war ein ganz schlechtes Zeichen.

Dorothea ging hinauf in ihr Zimmer, steckte den Netzstecker in die Steckdose und hörte sich seelenruhig, aber unverändert laut, den Rest der Don-Giovanni-Ouvertüre an.

Bei Doris, Friedrich und Frank war der Argwohn geweckt, auch bei Hetty, aber sie versuchte, ihre Familie mit der Erklärung zu beruhigen, bei Oma würde nichts so heiß gegessen, wie es gekocht wurde.

Das war natürlich vergeblich. Eine Stunde später ließ Dorothea die Katze aus dem Sack und teilte ihren

Die Familie war nicht nur wegen des jähen Erwachens mit Mozart schlecht gelaunt. Erschwerend kam noch hinzu, daß Hetty ihre Lieben auf einen Gesundheitstrip geschickt hatte, der sieben Tage dauern sollte und unter der unschönen Bezeichnung „Sieben-Tage-Körner-Diät" in Reformhäusern käuflich zu erwerben war. Das bedeutete sieben Tage lang Reis, Hirse, Weizen, Graupen oder Hafer, salzlos, nur mit Wasser gekocht. Dazu Hagebuttentee. An diesem Sonntagmorgen gab es Hirsebrei – und sonst nichts.

Als Dorothea das sah, ekelte es sie sofort. Nur Hettys Schüsselchen war zur Hälfte geleert. Friedrich stocherte mit dem Löffel in der breiigen Masse herum, Doris rührte sie nicht an, Frank stippte immer wieder fassungslos den Finger in den Brei, schleckte ihn ab und fand es widerlich.

„Wir haben ja nichts gegen Mozart, Mutter, aber alles zu seiner Zeit."

„Ich habe auch nichts gegen euch", erwiderte Dorothea und betonte, daß sie einen Entschluß gefaßt habe. Hetty wollte natürlich wissen, welche Art von Entschlüssen ihre Mutter einsam faßte, ohne sie der Familie mitzuteilen. Aber Dorothea schwieg, und das war ein ganz schlechtes Zeichen.

Dorothea ging hinauf in ihr Zimmer, steckte den Netzstecker in die Steckdose und hörte sich seelenruhig, aber unverändert laut, den Rest der Don-Giovanni-Ouvertüre an.

Bei Doris, Friedrich und Frank war der Argwohn geweckt, auch bei Hetty, aber sie versuchte, ihre Familie mit der Erklärung zu beruhigen, bei Oma würde nichts so heiß gegessen, wie es gekocht wurde.

Das war natürlich vergeblich. Eine Stunde später ließ Dorothea die Katze aus dem Sack und teilte ihren

Lieben mit, daß sie am nächsten Ersten auszuziehen hätten.

Diese Neuigkeit löste einen Schock aus.

Zur Ablenkung trieb Hetty die Familie zum Joggen in den Park. Hetty, eisenhart und nervenstark wie immer, trabte vorneweg. Frank hinterher. Er spürte die körperliche Mühe nicht; sein Gehirn hatte sich längst vom unsäglichen Hirsebrei und seiner zornigen Schwiegermutter abgewendet und beschäftigte sich liebevoll mit chemischen Formeln.

Doris machte als erste schlapp und ließ sich ins Gras des Stadtparks fallen. Dann markierte Friedrich Seitenstechen und legte sich auf eine Parkbank.

Doris hatte Hunger. Friedrich hatte Hunger. Die Geschwister wechselten einen Blick stillen Einverständnisses. In solchen Momenten gab es nur eine Rettung, eine Retterin: Oma Teufel.

Sie liefen ins Haus zurück. Dort erwartete sie Dorothea schon in der Haustür.

„Ihr habt Hunger, was?" trompetete sie fröhlich.

„Woher weißt du denn das?" fragte Doris.

„Ich habe diesen Brei probiert – scheußlich. Wozu ist er gut?"

„Er wirkt blutbildend und entschlackend", meinte Friedrich und blickte seine Großmutter mit den Augen eines verdurstenden Dromedars an.

„Hetty ist zweifellos sehr vernünftig", brummelte Dorothea und faßte ihre beiden Enkel liebevoll ins Auge. „Currywurst an der Bude oder Schaschlik beim Jugoslawen um die Ecke?"

„Schaschlik ist noch geschlossen", wußte Doris, also gab es Currywurst an der Bude. Zwei Currywürste für jeden und eine Doppelportion Pommes frites. Dazu zwei Cola.

Als das alles durch den nüchternen Magen tobte, wurde beiden Kindern schlecht.

„Ich habe euch gewarnt", triumphierte ihre Großmutter.

„War das gut", seufzte Friedrich.

„Richtig lecker", stöhnte Doris.

In diesem Augenblick kamen Hetty und Frank herangejoggt. Schon von weitem hatte Hetty ihre Kinder beim Essen von schlackebildenden und blutzerstörerischen Currywürsten erspäht. Obwohl auch sie mit ihrer Kraft nahezu am Ende war, scheute sie den Zwischenspurt zur Imbißbude nicht. Bevor die gesundheitsbewußte Mutter Blitz und Donner gegen ihre Kinder und ihre Mutter schleudern konnte, erlebte sie eine weitere schwere Enttäuschung.

„Zwei Currywürste mit Pommes frites", wünschte Frank kategorisch. Das war Verrat!

„Davon wird dir aber schlecht", mahnte Doris.

Vergeblich.

Zu Hause angekommen, verteilten sich Doris, Frank und Friedrich auf die verschiedenen Toiletten des Hauses Teufel. Mutter Hetty schloß sich in ihrem Zimmer ein und war für niemanden mehr zu sprechen. Dorothea ruinierte die Küche, obwohl sie nur eine einzige Kanne magenfreundlichen Kamillentee kochte.

Ein wunderschöner Sonntag! Aber er war ja noch nicht vorbei.

Am Nachmittag besuchte überraschend F. H. seine zerstrittene Verwandtschaft. Was seinem Besuch einen besonderen Reiz gab, war die Tatsache, daß er diesen dünkelhaften Afghanen der Mittvierzigerblondine an der Leine führte.

Dorothea war außer sich, zeigte es aber nicht, sondern blieb in ihrem Zimmer. Nur durch den Türspalt beobachtete sie die Vorgänge in der Wohndiele.

„Vater, ich frage dich gar nicht, warum du dir in

deiner Etagenwohnung ein so unhandliches Tier angeschafft hast, das ist im Moment nicht so wichtig ... Vater, Mutter ist außer Kontrolle geraten. Sie will uns aus dem Haus werfen!"

„Ach", sagte F. H. nur und streichelte den Afghanen.

„Fällt dir außer ‚ach' noch etwas ein, Vater?" Hilfesuchend blickte Hetty ihren Gatten Frank an. Der verdrehte nur die Augen und verschwand erneut auf der Toilette.

F. H. erhob seine Stimme und sprach in Richtung Dorotheas Schlafzimmer: „Mutter wird schon ihre wohlabgewogenen Gründe dafür haben. Mich hat sie ja auch vor die Tür gesetzt. Und – murre ich?"

Ratloses, verzweifeltes Schweigen. Hetty war sauer, Doris war sowieso sauer, nur Enkel Friedrich versuchte, die ganze Angelegenheit rein praktisch zu lösen.

Auch er trompetete mit lauter Stimme in Richtung Schlafzimmer: „Und wenn sie dann ganz alleine ist, wer, bitte schön, räumt die Küche auf?"

„Richtig, richtig", stichelte Doris.

„... und wer mäht den Rasen zweimal in der Woche?"

Hinter ihrem Türspalt wurde Dorothea für eine Sekunde weich. Das waren in der Tat Argumente, denen sie sich nicht ohne weiteres verschließen konnte. Außerdem hing sie ja an ihrer Familie. Sie wollte ja nur irgendwie etwas Neues probieren, weil sie sich unglücklich fühlte. (Das hatte mit F. H. zu tun.) Und weil sie es für richtig hielt, daß ihre Hetty und Schwiegersohn Frank etwas mehr eigene Verantwortung entwickelten.

Fast war sie schon bereit, den Rückzug anzutreten, da schmetterte Hetty den einzig falschen Satz nach oben:

„Und wer soll Mutter mal pflegen, wenn sie krank wird? Sie ist schließlich auch nicht mehr die Jüngste."

Rumms! Dorothea knallte die Tür zu, warf sich aufs

Bett, betätigte die Fernbedienung, und Mozart donnerte durchs Haus.

„Da hast du wohl etwas kaputtgemacht", sagte F. H. zu seiner Tochter Hetty. Stumm nickten Doris und Friedrich.

Frank kam vom Klo zurück. „War was?"

Hetty raste in die Küche und knallte ebenfalls die Tür.

„Was ist denn das für'n Hund?" wollte Doris wissen.

„Das ist Boris. Er gehört einer weitläufigen Bekannten von mir. Sie ist gehbehindert, und Boris braucht doch seinen Auslauf."

Enkel Friedrich dachte sich seinen Teil und war nur froh, daß seine Großmutter diesen Satz nicht gehört hatte.

Ein scheußlicher Sonntag!

Über den Verlauf des Sonntagabends und der Nacht gibt es nichts zu berichten, denn keiner sprach mehr mit dem anderen.

Am Montag morgen Punkt neun Uhr stand Dorothea Vollmer, genannt Teufel, in der Verkaufsstelle einer Porschevertretung.

Der Verkäufer sah aus wie ein Porschefahrer und erinnerte Dorothea irgendwie an ihren F. H., nur war er schätzungsweise vierzig Jahre jünger. Golfhosen, quietschende Kreppsohlen unter Collegeschuhen, Lederjacke.

Dorothea konnte ihn nicht leiden. Ungnädig fragte sie: „Welches Ihrer Modelle fährt schneller als 220 Stundenkilometer?"

„Alle", entrüstete sich der Verkäufer.

„Auch der rote da?"

„260 Spitze, gnädige Frau."

Dorothea nahm es befriedigt zur Kenntnis.

„Den will ich haben. Wann können Sie ihn liefern?"

„Aber gnädige Frau", wehrte der Verkäufer ab. „Das

ist ein Vorführwagen. Die Lieferzeiten liegen ungefähr bei sechzehn Monaten. In Ausnahmefällen vielleicht bei zwölf."

Dorothea trat dicht an den Verkäufer heran, so daß dieser erschrocken einen Schritt zurückwich.

„Ich zahle bar, und zwar jetzt. Und Sie lassen den Wagen morgen früh auf meinen Namen zu. Haben Sie das kapiert?"

„Das ist unmöglich!" Der arme Mann fühlte sich wie ein Bankkassierer, der von einem Gangster überfallen wird. Die alte Dame war wirklich etwas wunderlich!

Dorothea packte aus ihrer Handtasche Bündel von Banknoten und knallte sie auf den eleganten gläsernen Schreibtisch.

„Ihr Chef, junger Mann, hat bei mir im Verlauf der letzten fünfundzwanzig Jahre drei Boote bestellt und ist immer prompt beliefert worden. Der Vater Ihres Chefs ebenso. Und ich habe noch nie etwas bei Ihnen gekauft. Wollen Sie Ihren Chef verärgern?"

Der Verkäufer griff zum Telefon. Er flüsterte etwas, und sein Gesicht wurde lang und länger. Schließlich legte er den Hörer wieder auf und versuchte noch eine Verteidigung.

„Es ist ein ungewöhnliches Entgegenkommen der Firma."

„Fein", sagte Dorothea, „also morgen um zwölf." Dann rauschte sie zur Tür. Sie wandte sich noch einmal um.

„Wie viele Gänge hat dieses Modell eigentlich?"

„Fünf." Fassungslos blickte der Verkäufer ihr nach.

Am nächsten Tag, Punkt zwölf Uhr, holte Dorothea den roten Porsche an einem vorher vereinbarten geheimen Übergabeort ab. Niemand sollte etwas erfahren. Die Überraschung mußte perfekt sein.

Der Verkäufer händigte ihr die Schlüssel aus und war nun sehr höflich und entgegenkommend.

„Darf ich Sie einweisen, gnädige Frau? Eine Probefahrt? Ich muß Sie doch instruieren."

„Zeigen Sie mir nur, wo der erste, zweite und der Rückwärtsgang ist, wo man das Licht ein- und ausschaltet und wie man diese Dinger da, diese Scheibenwischer, betätigt."

„Aber der Wagen hat noch eine Reihe Extras." Der arme Verkäufer blieb höflich.

„Das ist eine Sache der Erfahrung. Die werde ich herausfinden."

Im zweiten Gang stocherte Dorothea auf den Hof ihrer Bootswerft. Natürlich handelte es sich bei dem Wagen um ein Cabriolet, und Werkmeister Binnenbruck erkannte seine Chefin sogleich.

Werkmeister Binnenbruck war gebürtiger Holländer, vermutlich Europas bester Bootsbauer und ein sehr enger Freund von Dorothea. Er war der einzige, der sich bei ihr so ziemlich alles herausnehmen konnte. Ihr Umgangston war berühmt-berüchtigt. Rauh, aber herzlich.

„Chefin, sind Sie noch ganz normal?" Anklagend deutete er auf das rote Cabriolet.

„Halt deine dumme Klappe, neidischer Käskopp", war Dorotheas zarte Antwort.

Doch Binnenbruck brauchte den täglichen Krach mit seiner Arbeitgeberin.

„Den haben Sie doch nur gekauft, weil F. H. einen ähnlich heißen Schlitten fährt."

Während Dorothea sich mühsam aus dem Wagen pellte, stieß sie ihre furchtbarste Drohung gegen Binnenbruck aus: „Noch eine Frechheit, und du bist wieder mal entlassen." Dann stapfte sie in ihr Büro. Binnenbruck folgte ihr.

„Ich werde sowieso kündigen, Chefin, bevor Sie sich

mit diesem Luxusschlitten ins Grab gefahren haben. Sie sind doch nicht mehr ganz bei Trost."

Dann standen sich beide im Büro gegenüber. Dorothea hinter ihrem Schreibtisch, Binnenbruck davor.

„Setz dich."

Binnenbruck setzte sich. Dorothea betrachtete die Bilder ihrer Großeltern.

„Ich bin unglücklich, Binnenbruck. Du hast recht. Dieser Wagen ist natürlich ein absoluter Quatsch."

„Dann heiraten Sie wieder, Chefin. Ihren F. H."

Dorothea setzte sich und seufzte. „Der hat eine andere. Mitte Vierzig, blond, mit so 'nem albernen Hund. Ich hab gesehen, wie die geht: aus den Hüften. Eine alternde Sexbombe."

„F. H. hat noch nie eine andere gehabt." Binnenbruck nahm die rechte Hand seiner Chefin tröstend zwischen seine beiden Pranken. „Der liebt doch nur Sie, Chefin."

Dorothea schnüffelte. „Warum, verdammter Mist, gibt es in diesem Büro nie Papiertaschentücher!"

„Weil Sie sonst nie heulen, Chefin."

„Ich heule nicht, mir läuft die Nase, Käskopp. Außerdem habe ich Hettys Familie aus dem Haus geworfen. Zum Ersten."

„Das ist prima, Chefin. Die müssen endlich mal auf eigenen Füßen stehen. Ihr Schwiegersohn Frank ist ja ein Superchemiker, aber er will nichts werden. Und Hetty verläßt sich ganz auf Sie. Da haben Sie recht."

Dorothea wunderte sich, daß Binnenbruck ihre Entscheidung für absolut richtig hielt. Mit dem Handrücken wischte sie sich die Tränen aus den Augen.

„Aber ich hab noch gar keine neue Wohnung für die Kinder gefunden."

„Da sollen die sich doch selbst drum kümmern. Warum eigentlich Sie?"

„Weil ich mich immer drum gekümmert habe."

Binnenbruck grinste.

„Wenn Sie weiter die Glucke spielen wollen, können sie genausogut bei Ihnen wohnen bleiben." Damit stand er auf und verließ das Büro.

Dorothea blieb ratlos zurück. Durchs Fenster konnte sie ihren neuen roten Porsche sehen. In diesem Moment kam sie sich ziemlich dämlich vor.

Da klopfte es an der Tür. Es war ein ganz bestimmtes Klopfen, und Dorothea wußte genau, wer draußen stand. Es war dieses Tamteramtamtam-Klopfen von F. H., das sie so sehr liebte.

„Herein."

F. H. betrat das Büro.

„Schönes Auto."

„Eine Rakete, F. H.!"

F. H. schaute sie vorwurfsvoll an. „Wir sind doch ältere Leute, Dorothea. Darf ich mich setzen?"

„Du wirst ja ohnehin nicht lange bleiben."

F. H. schaute sie mit diesem gewissen Blick an, den sie seit der Tanzstundenzeit so an ihm mochte, auch wenn die Augen inzwischen älter, das Gesicht faltiger und die Haare weniger geworden waren.

„Das ist wahr, Dorothea. Ich wollte ohnehin nicht lange bleiben. Sonst schnappt uns womöglich ein anderer die Wohnung für Hetty, Frank und die Kinder weg. Hetty wird bald vierzig; ich finde es richtig, daß du ihr die Freiheit gibst. Ich hab ihr das auch schon gesagt."

Dorotheas Gefühlshaushalt geriet wieder einmal ins Wanken. Doch dann siegte die Neugier.

„Und was hat sie gesagt?"

„Soll ich dir wirklich ehrlich sagen, was sie gesagt hat?"

„Nein, sag nichts ... daß ich plemplem bin und einen Arzt aufsuchen soll, stimmt's?"

„In dieser Richtung." F. H. ruderte mit dem rechten Arm, als wollte er eine Vorhand schlagen.

„Wenn du möchtest, darfst du mein Auto fahren", sagte Dorothea gnädig und schritt durch die Tür, die F. H. ihr wie so oft in ihrem gemeinsamen Leben mit einer leichten Verbeugung öffnete.

F. H. benutzte auf der Stadtautobahn natürlich alle fünf Gänge. Er war ein hinreißender Autofahrer. Schließlich hielt er mit kreischenden Bremsen vor einer Wohnanlage. Direkt neben Doris und Friedrich.

„Ach, die Kinder hast du auch schon herbestellt", staunte Dorothea.

„Ich war schon immer ein gerissener Anwalt, mein Schatz."

Das war er in der Tat. Der Wohnungsvermieter war ein langjähriger Mandant von F. H., und Dorothea stellte erleichtert fest, wie prompt ihr Exgatte alle notwendigen Vorkehrungen getroffen hatte.

Das Wichtigste war jetzt nur, daß die Wohnung den Kindern gefiel.

Sie gefiel ihnen sehr. Das einzige, was fehlte, war ein Raum für Friedrichs Schlagzeug, das er im letzten Jahr von Dorothea zu Weihnachten geschenkt bekommen hatte, natürlich gegen den Willen seiner Mutter.

„Das muß dann wohl bei dir im Keller bleiben", meinte Friedrich. „Dann komme ich dreimal in der Woche zum Üben, und du bist nicht ganz so allein, wenn wir weg sind."

Dorothea widersprach nicht.

Friedrich und Doris mußten schwören, kein Sterbenswörtchen zu verraten.

Hetty hoffte immer noch, die Wohnungsangelegenheit vom Tisch zu bekommen. Nicht ganz zufällig hatte sie am Abend fürstlich gekocht. Der Gesundheitstrip mit der Sieben-Tage-Körner-Diät war schlagartig beendet. Es gab eine Fülle von Lieblingsessen Dorotheas.

Und alle nach ihren alten Rezepten gekocht. Sogar Frank ließ sich immer wieder zu einem „Köstlich", „Ach, wie lecker", „So gut habe ich in meinem Leben noch nie gegessen" hinreißen, obwohl er sich aus Essen sonst nicht viel machte. Den Kindern schmeckte es, Dorothea schmeckte es ganz ausgezeichnet, und selbst Hetty mußte zugeben, daß eine ungesunde Ernährungsweise mit viel Soße, Nudeln und nur einem kleinen Häufchen Salat ausgesprochen gut schmeckte.

Das leidige Thema kam vorerst nicht zur Sprache. Hetty sah schon einen Hoffnungsschimmer am Horizont, denn selbst ihrem Vater F. H. war es gestattet, zum erstenmal nach der Ehescheidung gemeinsam mit Dorothea zu Abend zu essen.

Als Frank eine weitere Flasche Rotwein aus dem Keller holte, entdeckte er den roten Porsche vor dem Haus.

„Daß sich heutzutage noch Leute solche Autos kaufen, verstehe ich nicht", brummelte er, „völlig unwirtschaftlich."

Wie ein Schulmädchen hob Dorothea den Finger und deutete dann auf sich. „Meiner."

„Ein ausgezeichneter Wagen. Fast so gut wie meiner", pflichtete F. H. ihr bei. Hettys Augen wanderten von ihrer gestörten Mutter zu ihrem gestörten Vater.

„Aber die Farbe gefällt mir", wollte Frank seine rüde Meinung über den Porsche abschwächen.

„Und die neue Wohnung ist Spitze", krakeelte Doris. Damit war alles heraus.

Für den Rest des Monats wurde im Hause Dorothea Vollmer, genannt Teufel, nur noch gepackt.

Ganz klar, wenn Hetty packte, wurde sorgfältig gepackt. Das dauerte, und Dorothea beklagte täglich ihren Entschluß, die Familie an die Luft zu setzen, weil ihr das geordnete Umzugschaos auf die Nerven ging.

Frank sah den Wohnungswechsel inzwischen durchaus positiv. Friedrich hatte ihn auf die Idee gebracht, daß sich in dem zweiten Badezimmer ein kleines Privatlabor für den Herrn Vater einrichten ließe.

Auch Hetty entdeckte gute Argumente für die neue Wohnung. Pflegeleichte Fußböden, klar gegliederte Fensterflächen, eine eingebaute Küche mit allem Drum und Dran, leicht zu reinigende Oberflächen waren nicht unwichtige Gründe für Hetty, sich mit dem Umzug abzufinden, obwohl sie das niemals zugegeben hätte.

In vertraulichen Gesprächen mit ihrer Familie erklärte sie häufiger, daß man sich in Zukunft weit mehr als bisher um Oma Teufel würde kümmern müssen. Denn ohne die Unterstützung der Familie käme Oma nicht zurecht, da sei sie ganz sicher, denn sie sei ja schließlich ihre Tochter.

Das wollte ihr keiner so recht glauben. Und doch, Hetty hatte völlig recht.

Als Dorothea am nächsten Ersten in ihr großes, halbleeres Haus zurückkam, heulte sie Rotz und Wasser. Alles war weg, was ihr lieb und teuer war: die ständig herumliegenden Turnschuhe von Friedrich, Franks Aktentasche am Garderobenhaken, ebenso Hettys sorgfältig aufgehängter Mantel. Nichts, gar nichts erinnerte sie mehr an ihre Familie.

Schließlich fiel ihr der Keller ein. Sie stieg die Treppe hinab, setzte sich an Friedrichs Schlagzeug, nahm ein paar Klöppel und haute in wilder Wut auf Becken, Trommeln und Pauken. Sie veranstaltete einen Höllenlärm.

Arme Teufels Großmutter! Die erste Nacht schlief sie kaum. Möglicherweise aus Trotz drehte sie ihre Stereoanlage auf volle Lautstärke. Erst Mozart – zu schön. Dann die Rolling Stones – zu viele Erinnerungen an die Kinder. Endlich stellte sie die Anlage ab.

Sie schlich zum Telefon, um Hetty anzurufen. Doch dann fiel ihr ein, daß das Telefon erst in drei Tagen angeschlossen werden würde. Es war zum Heulen.

Und dabei hatte Dorothea alles richtig gemacht. Aber das wußte sie in dieser ersten Nacht noch nicht. Denn jetzt begann für Teufels Großmutter der Himmel auf Erden, oder das, was sie dafür hielt.

Neue Mieter braucht das Haus

Über das Haus, in dem Dorothea Teufel nunmehr allein lebte, muß man noch einige Worte verlieren.

Zunächst einmal war es kein normales Haus, sondern eine Villa. Das Gründerehepaar der Bootswerft Teufel, Tyske Düvel und seine schöne Berliner Gattin, hatte sie bauen lassen. Sie war also fast hundert Jahre alt.

In Dorotheas Kindheit war sie sehr dunkel eingerichtet gewesen. Viel Mahagoniholz an den Wänden, dunkelblaue Samtvorhänge vor den großen Fenstern. Dorothea hätte Angst vor diesem Haus gehabt, wären ihre Großeltern nicht gewesen. Das waren eben, wie schon berichtet, sehr fröhliche, laute Leute. So war das Haus doch irgendwie hell gewesen.

Als Dorotheas Eltern das Haus bezogen, renovierten sie es im Stil der zwanziger Jahre, sehr hell und sehr modern. Plötzlich waren alle Wände weiß lackiert, und vor den großen Fenstern hingen gewaltige Flore aus weißem Tüll. Als F. H. um die Hand Dorotheas anhielt, hatte er den Eindruck, im Hause eines Pfefferminzdropsherstellers zu sein, wie er nach seinem Besuch Dorothea ins Ohr flüsterte. Damals fand Dorothea die Witze ihres F. H. immer sehr komisch.

Mittlerweile war das Haus wieder nachgedunkelt. Der weiße Schleiflack hatte die Farbe alter Klaviertasten angenommen. Immer noch lag Dorotheas Villa in einem weitläufigen Park. Seitdem Hetty und ihre Familie ausgezogen waren, wurde weitaus seltener der Rasen geschnitten, aber verwildert war er noch nicht.

Der Auszug war nun etwa drei Wochen her. Nach den hektischen Wochen und gemeinschaftlichen Anstrengungen der Großfamilie war in Dorothea Teufels Leben wieder Ruhe eingekehrt.

Zuviel Ruhe. Einsam und verlassen wirkte die Villa. Der untere Teil des Hauses sah nach dem Auszug von Hetty, Frank, Friedrich und Doris still und traurig aus.

Mißmutig ging Dorothea durch die leere Wohnhalle. Sie stieg die Treppe hinauf zu einer kleinen Kommode, auf der das Telefon und die Fotos ihrer Lieben standen.

„Diese alternden Silberrahmen fliegen raus“, beschloß Dorothea, wählte Hettys Nummer und legte den Hörer äußerst ungehalten wieder auf, als das Besetztzeichen ertönte. Dann trat sie an das Geländer und blickte hinunter. Die Morgensonne schien freundlich in die Wohnhalle. Es war zum Heulen traurig.

„Ich kann den frühen Morgen überhaupt nicht leiden“, sagte Dorothea laut in die sonntägliche Stille hinein. Sie setzte sich auf den kleinen Biedermeierstuhl neben der Kommode und versuchte ein weiteres Mal, Hetty zu erreichen. Vergeblich, es war immer noch besetzt.

Schließlich hielt es sie nicht mehr in ihrem leeren Haus. Entschlossen ging sie die Treppe hinunter zur Flurgarderobe, nahm Mantel und Schal, setzte ihren Hut auf und warf einen schnellen Blick in den Spiegel. Natürlich fand sie sich abscheulich. Der Hut flog in hohem Bogen über die Schulter auf den Boden.

„Als ich den gekauft habe, muß ich krank gewesen sein.“ Das war der Todesstoß für das 200 Mark teure Modell.

Sie streifte ihre Sportwagenfahrerhandschuhe über (das sind diese luftig durchlöcherten, die jeder kennt und die besonders gern von einer Gruppe lebenslustiger Leute getragen werden, die man gemeinhin als Schickeria bezeichnet, und auch von Leuten des zweiten Frühlings wie F. H.). So ausgerüstet, stürmte sie in die Garage und setzte sich nicht ganz so schwungvoll, nicht ganz so sportlich in ihr Auto. (Nicht ganz so sportlich bedeutet, daß sie nach der Art vorsichtiger Fahrer den

Sitz bis dicht ans Lenkrad geschoben hatte, so daß sie etwas eingeklemmt, aber bolzgerade davorsaß, um ja nicht die Übersicht über den Verkehr zu verlieren.) Dann schaltete sie ihren geliebten zweiten Gang ein, schielte entschlossen über die Fernsichtbrille hinweg, und man sah ihr an, daß sie bereit war, es mit allen Hindernissen aufzunehmen.

Als sie aus der Einfahrt fuhr, nahm sie mit dem rechten Hinterreifen noch gekonnt den Bordstein mit. Dann begann ihre einsame Fahrt ins Ungewisse.

Es war ein milder Tag, und in der Stadt waren viele Spaziergänger und Bummler unterwegs. Dorothea beobachtete interessiert die Passanten auf dem Bürgersteig, die jungen Leute, die sich anschickten, in Diskotheken zu gehen, Paare, die Schaufenster betrachteten, um am nächsten Tag vielleicht ihr Geld dorthin zu tragen und begehrte Gegenstände mit nach Hause zu nehmen.

Dorothea war in einer etwas philosophischen Stimmung. Doch nachdem sie gerade aufgeseufzt hatte: „Wozu mache ich das eigentlich alles?“, beschloß sie, lieber vor einem jener Vierfachkinos anzuhalten und die Programme zu studieren.

Sie war gerade ausgestiegen, als eine üppige, aber recht attraktive Endvierzigerin Arm in Arm mit F. H. aus dem Kinoeingang schlenderte. F. H. hatte lässig seinen Trenchcoat festgezurrt, sein Haupt schmückte eine flotte Sportmütze. Die fesche Endvierzigerin hatte sich in ihrer Kleidung liebevoll angepaßt. So schritten sie dahin; ein spätes, nicht unattraktives Glück. So schien es.

„Affige Schaufensterpuppen“, schnaubte Dorothea, die sich hinter einer Litfaßsäule versteckt hatte. Bestürzt schaute sie auf ihren Ehemaligen; man hätte sie für ein hypnotisiertes Kaninchen halten können.

Also zurück zum Wagen. Aber gerade, als sie starten

wollte, entdeckte F. H. sie in ihrem Auto. Er lüftete die Sportmütze und grüßte fröhlich herüber.

Betroffen und verwirrt jagte Dorothea im ersten Gang davon. Sie war auf einmal sehr müde und wollte allein sein. Ganz allein.

Am Montag morgen war Dorothea die erste auf der Werft. Äußerst mißmutig betrachtete sie die Reparaturarbeiten an einem Boot. Drei junge Arbeiter und Binnenbruck waren damit beschäftigt.

Einer der jungen Männer trug einen gelben Schutzhelm und hatte seine ziemlich langen Haare zu einem Pferdeschwanz gebunden. Er trug auch nicht die übliche Arbeitskleidung und sah eher aus wie ein Student. Dorothea kannte diesen Mitarbeiter nicht. Doch der junge Mann arbeitete sehr ordentlich. Binnenbruck stellte häufiger Aushilfskräfte ein.

Dorothea stapfte zu ihrem Büro; Binnenbruck hinterher.

„Morgen, Chefin. Sie haben so mißtrauisch geschaut. Der Junge ist sehr gut. Aufs Äußere kommt es doch nicht an. Mit dem Knaben halten wir den Termin."

Dorothea nickte nur knapp und bedeutete ihm, daß sie kurz mit ihm reden wolle. Im Büro angekommen, setzte sie sich hinter ihren Schreibtisch und starrte Binnenbruck traurig an.

„Setz dich. Ich komme mir vor wie ein Frosch im Brunnen, wenn ich immer an dir hochschauen muß."

Seufzend setzte sich Binnenbruck.

„Haben Sie heute schlimme Laune?" versuchte er, Dorothea das Herzausschütten zu erleichtern. Dorothea knurrte ein bißchen vor sich hin, und Binnenbruck wußte genau, was sie wieder quälte: die Einsamkeit.

„Chefin, die Sonntage sind lang, nicht? Furchtbar, wenn man immer nur wartet, daß der Tag vorbeigeht."

Da platzte Dorothea los: „Weißt du, wie fies es ist, wie gemein, wie hinterhältig, wenn sie dich nicht einmal besuchen? Sie telefonieren den ganzen Tag."

„Nun gut, vielleicht müssen die Kinder auch Schularbeiten machen – so kurz vor dem Zeugnis", versuchte Binnenbruck sie zu trösten. Aber er sah Dorothea an, daß sie das für absolut unmöglich hielt. Dann hellte sich ihre Miene ein wenig auf.

„Das wäre eine zu schöne Erklärung ... Und außerdem habe ich F. H. mit einer Blondine gesehen."

„Die mit den Hunden?" fragte der Werkmeister.

„Eine andere, nur dicker."

Binnenbruck ergriff über den Schreibtisch hinweg Dorotheas Hand. „Warum kommen Sie sonntags nicht zu uns? Meine Frau hatte wieder wunderbar gekocht."

Dorothea entzog ihm ihre Hand und wechselte das Thema.

„Wer ist denn dieser Neue da?"

„Na ja, so ein Flippi. Er hat sein Ingenieurstudium abgebrochen, ist aber ein glänzender Schweißer. Jetzt ißt er nur noch Körner und Zwiebeln."

Dorothea rümpfte die Nase. Körner und Zwiebeln – das klang sehr nach ihrer Tochter Hetty und ihren vorübergehenden Spinnereien.

Binnenbruck verließ das Büro, und Dorothea vertiefte sich in ihre Papiere auf dem Schreibtisch.

„Komische Zeiten, wo man tüchtige Schweißer Flippies nennt."

Hätte sie in diesem Moment geahnt, wer sich zur Schulzeit auf dem Tennisplatz tummelte, sie hätte keine ruhige Minute mehr gehabt. Enkel Friedrich spielte nämlich mit einem Mädchen Tennis. Die Schultaschen lagen an den Maschendraht hingeworfen und waren vergessen. Es schien sogar ein Familientreffen zu werden, denn auch Doris kam mit ihrem Fahrrad zur Tennisanlage und trug bereits Tenniskleidung.

Friedrich entdeckte seine Schwester und verschlug erst mal einen Ball. Dann ging er zum Zaun.

„Hast du heute auch keine Schule?"

„Ich bin bei Bio abgehauen. Das fällt bei der elenden Kuh sowieso nicht auf. Und was ist mit dir?"

Feierlich erklärte Friedrich, daß er zwei Freistunden habe. Aber mit dieser kleinen Gedächtnislücke hatte er bei seiner Schwester kein Glück.

„Red doch nicht so einen Stuß. Ihr habt jetzt Mathe. Und du und zwei andere, ihr werdet in der Schule schon überall gesucht."

Friedrich war ehrlich erschrocken. Nicht auszudenken, wenn Mutter Hetty dahinterkäme. Das könnte eine sehr ernstzunehmende Angelegenheit werden. Noch schlimmer wäre es, wenn Teufels Großmutter es erführe – eine ziemliche Katastrophe.

Im nächsten Moment war Friedrich aber alles egal. Er erklärte sich sogar bereit, auch eine Partie gegen Doris zu spielen. Es war schon erstaunlich, mit wie wenig schlechtem Gewissen die Geschwister die Schule schwänzten.

Unterdessen schaute Dorothea durch ihr Bürofenster und beobachtete ihre Angestellten, die ihre Mittagspause im Freien verbrachten. Sie kauten Butterbrote, einige spielten Skat.

Der tüchtige neue Schweißer und ehemalige Ingenieurstudent stand abseits und machte tatsächlich Gymnastik. Das imponierte Dorothea, und ganz unwillkürlich deutete auch sie dezente Rumpfbeugen an. Dann öffnete sie das Fenster, steckte zwei Finger in den Mund und wollte einen frechen Pfiff loslassen. Das gelang ihr aber nicht, was sie sehr enttäuschte. War sie etwa tatsächlich schon zu alt dafür?

Sie rief dem Schweißer zu: „Wie heißen Sie?"

Stefan deutete fassungslos mit dem Zeigefinger auf seine Brust. „Ich heiße Stefan."

„Und weiter?" wollte Dorothea wissen. Aber da gab es anscheinend nichts weiter.

Stefan zuckte nur mit den Achseln und bestand auf „Stefan, einfach nur Stefan". Er grinste Dorothea herausfordernd an.

Aha, dachte diese, den Kampf mit dir nehme ich auf. Ihre Augen wurden zu Schlitzen.

„Sie heißen also Stefan und nichts weiter. Ich persönlich möchte auf der Anrede ‚Frau Teufel' bestehen, wenn Ihnen das recht ist."

Stefan grinste nichtssagend, und es machte ganz den Eindruck, als ob sich die beiden in Zukunft recht gut verstehen würden.

Einen Tag später, ebenfalls in der Mittagspause, hielt Dorotheas Porsche in einer kleinen Straße in der Nähe des Werftgeländes. Dorothea und Stefan stiegen aus. Beide gingen um den Wagen herum, um die jeweils andere Wagenseite zu erreichen.

Interessiert schaute Dorothea den jungen Mann an, der sehr selbstsicher wirkte, als er sich hinter das Steuerrad klemmte. Stefan hatte zuvor betont, daß er Sportwagen – gesellschaftlich gesehen – für völlig überflüssig halte, aber daß er trotzdem, weiß der Teufel, warum, den Wunsch verspüre, einmal in so einer Kiste zu fahren. Kurzum, sein Verstand war voller Verachtung, aber sein Herz war entzückt.

Dorothea war sehr beeindruckt, als sie durch Stefans Kavalierstart in den Beifahrersitz gedrückt wurde. Sie konnte nur noch die Augen verdrehen, als er losdonnerte. Dieser junge Mann wußte genau, wie viele Gänge ihr Auto hatte, und bediente sie alle spielerisch mit zwei Fingern.

Auch den Rückwärtsgang. Doch dabei landete er mit dezentem Knall an einer Streusandkiste.

Dorothea blickte nach hinten. Die Streusandkiste war kaputt.

„Bei den Vorwärtsgängen bist du einsame Klasse, aber den Rückwärtsgang beherrschst du nicht."

„Warum müssen Leute Ihres Alters zu jedem Blödsinn ihren Senf dazugeben, Dorothy?" fragte Stefan. Er schaute sie empört an. „Jawohl, ich weiß, es war der Rückwärtsgang. Jeder Wagen hat einen Rückwärtsgang."

Dorothea fauchte zurück, denn sie stritt leidenschaftlich gern mit diesem Jungen. Er gefiel ihr. Doch Stefan reagierte nicht auf ihre ironisch angelegte Frage: „Haben Sie denn überhaupt den Führerschein?"

Mit zwei Fingern jubelte er den ersten, zweiten, dritten und vierten Gang ein. Dorothea genoß die rasende Fahrt, die schließlich vor einer Gartenlaube endete.

„Kartoffelbrei enthält die Vitamine C, D, A, B_2, B_{12} und B_6", bemerkte Hausfrau Hetty.

Friedrich schmeckte es auf der Stelle nicht mehr. Er hörte sofort auf zu essen. Entschlossen schob er mit der Gabel die Hälfte der gesunden Kost zurück in die Schüssel. Auch Doris, die sich gerade so etwas wie eine Frikadelle geangelt hatte, hielt elektrisiert inne.

„Mein Gott, Mama, du kannst einen vielleicht erschrecken", gab sie tonlos von sich.

„Mami, sag mir, warum essen wir nicht wie die meisten Familien Fleisch, Kartoffeln, Soße und Gemüse?"

Diese Diskussionen waren Hetty wohlvertraut, und so antwortete sie ihrem Sohn ungerührt: „Auch diese Bulette ist keine Bulette, sondern eine sogenannte Lüneburger Kruste. Also gesündester Sojabohnenextrakt."

Die Kinder schauten entsetzt ihre Frikadellen an. Nun war es mit ihrem Appetit endgültig aus. Beide hatten viel Verständnis für ihren Vater, der mit der Erklärung, er habe zuviel um die Ohren, nicht nach Hause gekommen war.

„Papa hat die Faxen auch satt“, maulte Friedrich.

„Der sitzt jetzt bestimmt in der Werkskantine und ißt Feuerschaschlik oder Fritten mit Ketchup oder echte Hamburger“, ergänzte Doris.

Hetty war nahe daran, beleidigt zu sein, aber sie wußte auch, daß es sinnlos war, ihre Familie in Hinsicht Ernährung überzeugen zu wollen. Und so wechselte sie sehr geschickt das Thema und fragte Doris, wie denn ihre Englischarbeit ausgefallen sei.

Antworten auf solche Fragen müssen, wie man weiß, schnell und geschickt formuliert werden. Und so antwortete Doris, sie habe die drittbeste Arbeit geschrieben, was im ersten Augenblick sehr wirkungsvoll klang. Nur war das Verhör damit keineswegs beendet. Prompt folgte Hettys Frage, was denn, bitte, die drittbeste Arbeit bedeuten würde. Doris verteidigte sich auch jetzt noch geschickt. Natürlich sei diese Arbeit besonders schlecht ausgefallen. Eigentlich habe es nur Fünfer und Sechser gegeben, und sie selbst sei mit einer strahlenden Vier bis Fünf als Sieger aus dem Rennen hervorgegangen.

Friedrich verhielt sich sehr kollegial, umarmte seine Schwester sogar stürmisch und erging sich in einem überschwenglichen Glückwunsch. Seine übertriebene Anteilnahme an den Leistungen seiner Schwester lenkte Hetty natürlich sofort auf Friedrichs noch ausstehendes Gedichtinterpretationsergebnis. Das war nicht nur ein schwieriges Wort, sondern auch ein schwieriges Thema. Friedrich wand sich unter dem strengen Blick seiner Mutter, die ihren Rundumschlag fortsetzte, indem sie Tochter und Sohn völlig unerwartet auf die beiden Tennisschläger ansprach, die in den jeweiligen Zimmern fehlten.

Wie sollte es anders sein – das gab beiden den Rest. Niemals hätten sie gedacht, daß ihre Mutter so hinterlistig wäre, die Zimmer zu kontrollieren.

Doris fing sich am schnellsten. Sie machte sich mit Begeisterung über die Lüneburger Kruste und den gesunden Kartoffelbrei her und führte nur noch leichte Rückzugsgefechte. Was es denn eigentlich für einen Sinn habe, gesund zu essen, wenn einem andererseits jegliche Art von Sport in den Freistunden verboten würde. Dieser Meinung schloß sich Friedrich blitzschnell an.

Hetty erteilte trotzdem für den Nachmittag Ausgehverbot.

Vor der Gartenlaube wurden Stefan und Dorothea von drei jungen Leuten begrüßt. In ihrer Kleidung hatten sie sehr viel Ähnlichkeit mit Stefan. Die jungen Leute schauten mißtrauisch auf die flotte Großmutter.

Um das Eis zu brechen, erkundigte sich Dorothea, wie man in so einem Gartenhäuschen denn so lebe, vor allen Dingen im Winter. Sie erhielt keine Antwort.

Stefan hielt einige Plastiktüten hoch und erklärte, er habe drei Liter Johannisbeerwein und eine ordentliche Ladung Weizenschrot mitgebracht, alles eine hochherzige Spende seiner Begleiterin. Die drei schwiegen weiterhin. Eine junge Frau hielt ein Baby im Arm, und sozusagen als letzten Versuch fragte Dorothea sie nach dem Namen des Kindes.

„Wie heißt er denn, der Kleine?" Dorothea versuchte, einen großmütterlichen Glanz in ihr Gesicht zu zaubern.

„Wir nennen ihn Otto", war die Antwort.

Dorothea war überrascht. Otto – das war aber sehr altmodisch.

„Otto stimmt von beiden Seiten gelesen", erklärte

Stefan. „Sie mögen den Namen wohl nicht, Dorothy, was? Wenn Otto der Name auch nicht gefällt, kann er sich später einen neuen aussuchen."

Ganz offensichtlich wollte Otto auch kein Otto sein. Jedenfalls fing er an zu quäken.

„Jetzt will er sein frisches Gemüse aus dem Garten", jubelte Stefan und nahm seinen kreischenden kleinen Sohn in die Arme. Das imponierte Dorothea nun wieder.

„Und was passiert, wenn hier eines Tages die Bulldozer kommen? Dann ist es mit eurem Frischobst- und Gemüsezauber auch vorbei." Dorothea wußte, daß die Gartenkolonie demnächst Bauland werden sollte.

Das mußte Stefan zugeben. Er gedachte, die Antwort eine Nacht zu überschlafen.

Dorothea wandte sich zum Gehen. „Ja, dann."

Stefan winkte ihr lässig zu, die anderen drei würdigten sie immer noch keines Blickes. Immerhin geleitete Stefan sie noch bis zur kleinen Gartentür.

„Dorothy, morgen komme ich aber zwei Stunden später in die Firma. Frühes Aufstehen macht mir keinen Spaß."

Leicht verunsichert stieg Dorothea in ihren Porsche und juckelte los. Die jungen Leute hatten für ihr Empfinden einen sehr lockeren Stil. Aber irgendwie gefiel ihr das auch.

Nachdenklich fuhr sie nach Hause. Dort saß Friedrich auf der Treppe vor dem Hauseingang. Er wartete schon lange.

„Was ist los?" fragte Dorothea. „Sonst steigst du doch durch das Kellerfenster ein, wenn du den Schlüssel vergessen hast." Aber dann fiel ihr ein, daß sie das Kellerfenster immer absperrte, seit sie allein im Hause war. So entschuldigte sie sich bei ihrem Enkel. Der hatte jedoch ganz andere Sorgen.

„Mein neuer Tennisschläger ist kaputt."

Dorothea verstand. Sie wurde mal wieder gebraucht. Sie sollte einen neuen Tennisschläger kaufen. Was sie nicht wissen konnte, war, daß Hetty aufgrund der Vorfälle am Morgen und der merkwürdigen Auskünfte zu den schulischen Leistungen während des Mittagessens die Tennisschläger der Kinder beschlagnahmt hatte. Friedrich wollte das mütterliche Verbot umgehen und bei Dorothea einen neuen Tennisschläger schnorren.

Seine Großmutter ahnte zwar so etwas. Trotzdem freute sie sich, daß er gekommen war. Strahlend schloß sie die Tür auf.

„Heißt du eigentlich gerne Friedrich?"

Friedrich war leicht verdutzt. Seine Großmutter konnte in der Tat sehr überraschende Fragen stellen, das mußte der Neid ihr lassen.

Friedrich zögerte und verneinte. Als Dorothea wissen wollte, welchen Namen er sich selbst aussuchen würde, wenn er die Möglichkeit dazu hätte, entschied er sich nach einer Weile für Chuck Berry oder Freddie Mercury. Dorothea war von beiden Namen nicht sonderlich beeindruckt. Dann fragte sie genauso überraschend: „Bist du eigentlich nur zu mir gekommen, um mich anzupumpen?"

„Ich habe Hunger", war die Antwort.

„Herrlich", jubelte Dorothea. „Ich wußte es ja. Ich habe Leberwurst, mein Schatz, Lachsschnitten, Harzer Käse, Ragout fin und den ganzen Keller voll Eingemachtes." Jetzt waren sich die beiden vollständig einig. Arm in Arm schritten sie in die Küche.

Zehn Minuten später saß Friedrich auf dem Kühlschrank, in jeder Hand ein riesiges Butterbrot, dick belegt mit Wurst und Käse. Er aß gleichzeitig von beiden Leckerbissen. Dorothea angelte eine Gewürzgurke nach der anderen aus einem Gurkenglas.

Dann kam die gefährliche Frage: „Was ist eigentlich aus deiner Gedichtinterpretation geworden?"

So ein Pech.

„Super, Oma“, log Friedrich und kaute mit vollen Backen.

„Zeigst du sie mir mal?“ Großmutter Dorothea schien in der Tat kulturell interessiert zu sein. Friedrich verschluckte sich beängstigend, das allerdings mit Absicht. Er brauchte den gespielten Erstickungsanfall, um Zeit zum Nachdenken zu gewinnen. Es fiel ihm allerdings nicht viel ein.

„Dir werde ich die Interpretation sehr gerne zeigen, Oma. Aber ich glaube nicht, daß du das verstehen würdest, was ich da geschrieben habe.“

Dorothea war ganz Mensch und verstand. Diplomatisch beendete sie das unangenehme Thema.

„Was kostet denn ein neuer Tennisschläger?“

„Der einzig erwähnenswerte Schläger kostet ungefähr 240 Mark“, verkündete Friedrich.

„Du hast wohl 'ne Meise“, war Dorotheas Reaktion. Trotzdem ging sie zum Küchenschrank, öffnete ihn und holte aus der Kaffeekanne einige Fünfzigmarkscheine heraus. Friedrich ging tatsächlich in die Knie, als Dorothea ihm das Geld überreichte.

„Omilein, ich weiß nicht, was ich sagen soll. O du lieber Himmel, das muß ich jahrelang bei dir abstottern. Es sei denn, du verzichtest darauf.“

Dorothea verzichtete erst mal nicht. Plötzlich wollte Friedrich schon wieder gehen. Er hauchte ihr noch einen flüchtigen Kuß auf die Wange.

„Bist du böse, wenn ich jetzt schon gehe?“

Natürlich war Dorothea enttäuscht, aber sie sagte es nicht. Als die Tür ins Schloß krachte, machte sie sich so ihre Gedanken.

„Stefan und seine Frau könnten in dem alten Ehezimmer schlafen, der kleine Otto bekommt das Kinderzimmer ...“ Sie dachte lange und ausgiebig über die Zimmerverteilung für die Wohngemeinschaft aus der Gartenlaube nach. Dann begann sie, die Matratze für das Kinderbett auszuklopfen.

Ihre Vorbereitungen dauerten bis Mitternacht. Und sie hatte sogar den Eindruck, als würde ein Hausgeist verschlafen die Treppe heruntersteigen. Ein sehr saurer Hausgeist, der ihr ins Ohr flüsterte: „O Gott, neuer Familienzuwachs?“ Der Hausgeist stöhnte und verschwand spukend durch die Wand. Aber das war wohl nur eine Einbildung.

Am nächsten Morgen erschien Dorothea sehr fröhlich auf ihrem Werfthof. Stefan war noch nicht bei der Arbeit. Natürlich nicht. Er wollte ja erst um zehn erscheinen. Was Dorothea kalt ließ, störte Binnenbruck gewaltig.

„Chefin, blasen Sie ihm gefälligst den Marsch. Aber Sie müssen ihn ja mit dem Porsche fahren lassen. Schon kommt er am zweiten Tag nicht.“

Um zehn Uhr kam er doch. Binnenbruck schickte ihn sofort in Dorotheas Büro.

Unaufgefordert lümmelte sich Stefan in den Besuchersessel. Er streckte seine Beine weit unter den Schreibtisch und legte den Kopf bequem auf die Rükkenlehne. Er war immer noch sehr müde.

„Bevor ich Ihnen erkläre, daß Sie und Ihre Freunde bei mir wohnen können, Stefan, setzen Sie sich doch bitte etwas anständiger hin.“

Tatsächlich rückte Stefan etwas hoch. Ansonsten verzog er keine Miene.

„Da müßte man das Haus erst mal sehen“, meinte er. „Also, wenn es uns gefällt, kann die Sache natürlich steigen. Wir kommen heute abend mal bei Ihnen vorbei.“

Lässig schlenderte Stefan aus dem Büro. Kein Dankeschön, keine freudige Überraschung, nichts. Dorothea war enttäuscht. Ein bißchen mehr Begeisterung hatte sie von der Jugend schon erwartet.

Tatsächlich, gegen Abend stand Stefans Truppe vor Dorotheas Haustür. Immerhin, zuverlässig waren sie ja. Dorothea öffnete. Stefan, seine Lebensgefährtin Ilona mit Otto auf dem Arm und der ständig Gitarre klimpernde Hausfreund nebst Freundin schlurften in die Villa. Nach knappen Begrüßungsworten überprüfte die Truppe das Haus auf ihre eigenen Wohnansprüche.

Natürlich war Dorothea stolz auf Ottos Zimmer. Da stand immerhin schon ein Kinderbett drin. Strahlend öffnete sie die Tür zu dem kleinen Raum. Sogar Gardinen hatte sie schon aufgehängt. Es sah zauberhaft aus und strahlte den unermeßlichen Glanz großmütterlicher Liebe aus. Das Bettchen war blau bezogen, alles war hell und freundlich.

Das einzige, was Ilona dazu sagte, war: „Kitsch." Da erfror das selige Lächeln auf Dorotheas Gesicht.

„Gefällt es Ihnen etwa nicht?" Die Frage war deutlich und scharf gestellt, und nun lenkte Ilona tatsächlich ein. Ottochen sei es lediglich gewöhnt, auf dem Fußboden zu schlafen und nicht in einem Bett. Aber, na ja, das ließe sich ja alles in Ordnung bringen.

Nach dem Motto „Anpassung ist das halbe Leben" riß Dorothea die Matratze aus dem Kinderbett und knallte sie auf den Fußboden. Das fand in der Tat Anklang, im wahrsten Sinne des Wortes. Sogar der Gitarre spielende Hausfreund jubelte mit einem herrlich falsch gespielten Akkord.

Auch die Mietangelegenheit war sofort geregelt. Die jungen Leute wollten nichts bezahlen. Dorothea schüttelte allen die Hand, sogar Otto lächelte. Das war mehr, als Dorothea erwartet hatte.

Es muß nicht erwähnt werden, daß Stefan und die Seinen ihren Hausrat bereits vor der Villa geparkt hatten. Großmutter Dorothea stand, Otto auf dem Arm,

in der Tür, während die jungen Leute ihren alten Karren entluden. Eine Viertelstunde später war der Einzug schon beendet.

Gerade in diesem Augenblick kam Hetty mit einem funkelnagelneuen Tennisschläger unter dem Arm anmarschiert. Verwundert blickte sie auf die etwas exotische Gesellschaft. Sogleich bemerkte sie auch ihre Mutter mit Klein-Otto auf dem Arm. Es dauerte einige Sekunden, bis Hetty sich wieder in der Gewalt hatte.

„Ich kam, weil ich dir *eine* Frage stellen wollte, Mutter, nun habe ich mehrere."

Dorothea antwortete gleichmütig: „Frage, mein Kind, frage. Wer weiß, wie lange du noch Zeit dazu hast." Dorothea gefiel dieser Satz. Er war gänzlich aus der Luft gegriffen. Sie lächelte mit der ganzen Güte ihres Alters, denn sie wußte genau, was im Kopf ihrer Hetty vorging.

In der folgenden Auseinandersetzung ging es zuerst mal um Friedrichs Tennisschläger. Aber das alles war Dorothea viel zu mühsam. Wer Tennis spielt, braucht auch einen Schläger, meinte sie. Ist der alte Schläger kaputt, braucht er einen neuen, sonst wird seine sportliche Begeisterung irgendwann zu einem theoretischen Hirngespinst. Was gab es also über Tennis zu sprechen? Und daß es außerdem Tennisschläger nirgendwo umsonst gibt, das mußte eigentlich auch Hetty einleuchten.

„Und wer sind diese Leute hier?“ fauchte ihre Tochter, um ja nicht den Streit abbrechen zu lassen.

„Dies sind meine neuen, sehr, sehr netten Mieter“, antwortete Dorothea spitz! Dann fügte sie noch hinzu, daß das *ihr* Haus sei und daß sie damit machen könne, was sie wolle. „Außer, ich zünde es an, dann bekomme ich Krach mit der Versicherung und lande vermutlich in einer Klapsmühle.“

„Ich wünsche dir viel Glück“, sagte Hetty, warf den Tennisschläger auf den Boden und entschwand.

Dorothea starrte ihr nach. Dann ging sie seufzend ins Haus. Dort stapelte sich der ganze chaotische Haufen, der vorher auf der alten Klappermühle verstaut gewesen war. Aber Dorothea betrachtete alles gelassen und gefaßt.

„War das deine Tochter?“ fragte Ilona, Stefans Lebensgefährtin, freundlich. Dorothea bejahte das.

„Nicht schlecht, der Hase. Kommt die öfters vorbei?“ wollte Stefan wissen.

Dorothea war verwirrt. Mißtrauisch betrachtete sie ihn und schaute unauffällig auf Ilona, die ihr rein äußerlich viel besser gefiel als ihre Hetty. Dann schaute sie liebevoll Otto an, der in ihrem Arm wohlige kleine Schnarchtöne von sich gab.

„Er schnarcht“, flüsterte Dorothea.

„Und wie!“ strahlte Ilona froh.

Dorothea ging mit Otto hoch in ihr Schlafzimmer,

um ihn so lange in ihr eigenes Bett zu legen, bis unten alles eingerichtet war.

In ihrem Schlafzimmer saß der Gitarre spielende Jüngling und telefonierte. Er sprach sehr laut; offensichtlich handelte es sich um ein Ferngespräch. Als er Dorothea kommen sah, lächelte er ihr fröhlich zu und winkte auch noch.

Dorothea legte Otto in ihr Bett.

„Alles etwas unklar hier“, murmelte sie vor sich hin. Dann verließ sie auf Zehenspitzen das Zimmer. Der Gitarrist telefonierte weiter.

Als Dorothea wieder nach unten kam, traf sie fast der Schlag. In der Wohnhalle erschreckte sie ein größeres Matratzenlager. Ilona lag bereits unter einer Patchworkdecke, die Tür zur Küche stand sperrangelweit offen. Dort trabte Stefan herum. Die Freundin des Gitarristen kam aus dem Raum, den Dorothea ursprünglich als Schlafzimmer für sie eingeplant hatte, der aber in Windeseile zu einem Wäschetrockenraum verkommen war.

Das einzige, was Dorothea vorbringen konnte, war: „Ich hätte eigentlich gedacht . . .“

„Ist was, Oma?“ war Ilonas einzige Reaktion auf Dorotheas Verwunderung. Das ging aber entschieden zu weit.

„Meine liebe Ilona. Ich bin nicht Ihre Oma. Es reicht schon, daß ich Dorothea und manchmal Dorothy bin, und das Du kannst du dir sparen.“

In diesem Moment kam Stefan aus der Küche geschossen. „Es ist kein Bier mehr da, ich brauche zwanzig Mark“, meinte er.

Zwanzig Mark hätten sie nicht, dafür hätten sie den Wagen getankt, entrüstete sich Ilona. Aber in der Küche oben in der Kaffeekanne befände sich Geld.

„Du kannst es ja morgen wieder reinstecken, wenn du auf dieser Ausbeuterwerft etwas verdient hast.“

Dorothea war wie vom Donner gerührt.

„Das nimmt ja flotte Formen an", zischte sie wütend vor sich hin und folgte Stefan blitzschnell in die Küche. Dort fischte der junge Mann gerade einen Zwanzigmarkschein aus ihrer Kaffeekanne. Als er aufblickte, sah er Dorothea in der Tür stehen. Sofort bemerkte er ihren kristallklaren, gefährlichen Vogelblick und das geballte großmütterliche Temperament. Da erstarren auch dem Dümmsten die Finger, und so fiel der Geldschein wieder in die Kaffeekanne zurück.

„Ich will Sie ja wirklich nicht bestehlen, Dorothy. Okay, dann trinken wir eben kein Bier." Stefan bemühte sich um einen friedfertigen Ton.

Erst mal mußte Dorothea ihre Wut loswerden, bevor ihr gütiger Gemütshimmel wieder erstrahlen konnte.

„Gute Güte, kein Bier? Wollt ihr tatsächlich mal auf etwas verzichten? Im übrigen findet in meinem Haus kein Camping statt, ist das klar? Und außerdem beginnt morgen früh für dich die Arbeit auch um acht wie für jeden anderen. Punkt acht Uhr. Solltest du dann nicht rechtzeitig antanzen, gibt's Lohnabzug. Punktum."

Das also hatte Dorothea hinter sich. Die letzte Übertreibung mit dem Lohnabzug schien ihr sehr gelungen.

„Ausbeuterin", knurrte Stefan.

„Wer seine geldgierigen Krallen in meine Kaffeekanne schlägt, ist ebenfalls ein Ausbeuter", verteidigte sich Dorothea nicht zu Unrecht. „So, und jetzt gehe ich Bier holen." Damit erstrahlte ihr Gütehimmel wieder, und Stefan sank kraftlos auf einen Küchenstuhl. Die Alte war in Ordnung.

Die nächste Würstchenbude mit Getränkeverkauf war nicht weit von Dorotheas Villa entfernt. Es war wirklich lächerlich, mit dem Auto dorthin zu fahren, aber andererseits auch etwas mühsam, zu Fuß zu gehen. Dorothea entschied sich für die Lächerlichkeit und fuhr mit dem Auto.

Und wie das Schicksal es manchmal so will, mußte ausgerechnet in diesem Augenblick F. H. eine andere, sozusagen neue Endvierzigerin ziemlich zart und albern mit einer Currywurst füttern. Da er Dorothea den Rükken zuwandte, sah er sie nicht.

Seine Exgemahlin stellte sich dicht hinter ihn und brüllte an seinem Ohr vorbei dem Würstchenbudeninhaber zu: „Zehn Dosen Bier!"

F. H. zuckte zusammen. Schnell wandte er sich um. An einem Holzspieß ragte noch ein hilfloses Stückchen Currywurst, das er im letzten Moment dem rotbemalten Mund der koketten Endvierzigerin entzogen hatte.

Die Dame kicherte völlig unangebracht albern, und F. H. entblödete sich nicht zu sagen: „O Dorothea, mein lieber Schatz."

Dorothea schnappte geistesgegenwärtig nach dem lockenden Currywurststückchen.

„Kannst du dir denn mit deinem Rheuma eine kühle Nacht hier draußen überhaupt erlauben?"

Dann riß sie die Plastiktüte mit dem Dosenbier an sich und knallte einen Zwanzigmarkschein auf den Tresen der Frittenbude. „Stimmt so." Scheppernd zog sie davon.

F. H. war wie vor den Kopf geschlagen.

„Rheuma? Dosenbier?" Er stürzte Dorothea nach, nachdem er seiner Begleiterin ein kleines, dümmliches „Verzeih" hingeworfen hatte. Am Wagen erwischte er seine Ehemalige.

„Dorothea, mein Gott, du trinkst?"

Dorothea setzte sich ins Auto. Bevor sie die Tür zuknallte, legte sie noch mal richtig los.

„Kinder unter achtzig Jahren sollte man nur in Begleitung ihrer Eltern auf die Menschheit loslassen. Seit wann ziehst du diese affige Show ab und fütterst überreife Semester mit Currywürsten? Dämlicher geht es wohl nicht!“

Dann griff der zweite Gang des Getriebes, und Doro thea stotterte um die Ecke.

F. H. war sehr verstört. Er wollte noch etwas fragen, aber es war schon zu spät.

Als Dorothea nach Hause kam, war das Matratzenlager natürlich nicht entfernt worden. Im Gegenteil: jetzt war es noch gekrönt durch ein aufwendiges Picknick.

Dorothea war enttäuscht. Wie sehr, das konnte man am Schwung ablesen, mit dem sie die Plastiktüte zwischen die jungen Leute feuerte. Dann ging sie nach oben und zog sich zornig zurück. Müde und traurig legte sie sich ins Bett, wobei sie versuchte, Klein-Otto, der auch noch dort schlief, nicht zu stören. Sofort schlief sie ein.

Irgendwann summte der Wecker, und Dorothea wurde wieder wach. Sie spürte, daß sich irgend etwas sehr fest an sie klammerte, und es dauerte nicht lange, bis sie sich erinnerte. Es war Klein-Otto, der an ihrem Hals hing. Das gab ihrem großmütterlichen Herzen nun wieder dieses wundervolle Gefühl von Freude.

Als sie in die Wohnhalle herunterkam, war das Matratzenlager tatsächlich verschwunden. Kein Mensch war mehr im Haus.

Dorothea machte Otto ausflugsfertig, und dann fuhr sie mit dem Kind zur Werft, wo Stefan bereits am Schweißgerät arbeitete.

Dorothea brüllte ihn an: „Denken Sie und Ihre Freunde eigentlich auch einmal nach? Darf ich fragen, wer sich um Otto kümmern soll? Ich besitze zwar die dämliche Gutmütigkeit eines großmütterlichen Schafes, trotz meiner Macken. Aber wenn das so weitergeht, bin ich anstaltsreif.“

Stefan hörte mit dem Schweißen auf.

„Entschuldigen Sie, Dorothy, daß Otto so lästig ist."

Binnenbruck kam heran. Er schaute besorgt, weil seine Chefin lauter schrie als gewöhnlich, wenn sie ärgerlich war. Doch ehe er noch etwas sagen konnte, hatte er schon Otto auf dem Arm.

„Viel Vergnügen!"

An diesem Morgen verteilte Dorothea viel Zuckerbrot und Peitsche.

So hatte sie als Zwischenlösung zur Beaufsichtigung von Otto die Idee, ihre beiden Enkel anzuheuern. Und so sah man am Nachmittag Doris und Friedrich an den Tennisplätzen entlangwandern, eine Tragetasche zwischen sich schleppend mit Klein-Otto darin. Eine Widerrede hatten beide nicht vorbringen können.

„Wie sieht denn das aus? Ich mit einem solchen Balg", maulte Friedrich. Und in der Tat kamen gleich zwei Mädchen aus seiner Klasse vorbei, die albern kicherten. So konnte das nicht weitergehen. So nicht!

„Mein Gott, wo sind die ruhigen Jahre geblieben", fragte Friedrich seine Schwester, „als unser Großvater und unsere Großmutter noch zusammen waren?"

Alleingelassen hatte Dorothea nur noch anstrengende Ideen.

Am Abend war die wohlige Behaglichkeit des Matratzenlagers wiederhergestellt. Alle aßen friedlich aus einer großen gemeinsamen Schüssel. Diese herausfordernde Idylle allein hätte Dorothea nicht aus der Fassung gebracht. Jedoch: F. H. saß auf dem Lager und aß mit!

Dorothea starrte ihn an. F. H. kniete auf dem Boden und löffelte aus einer Müslischüssel wie alle anderen.

„Eine hübsche Kleinkommune hast du hier", bemerkte er höflich.

LOVE

Es war nicht viel, was Dorothea stammeln konnte, es klang nach „... du Verräter“. Dann machte sie auf dem Absatz kehrt und verließ das Haus. Als Zufluchtsort suchte sie sich ein Hotel. Für überschaubar viel Geld hatte sie ein Bett für sich und wurde nicht belästigt.

Als Dorothea zur Tür hinausrauschte, wollte F. H. hinterherlaufen. Doch sein Rheuma machte ihm zu schaffen und somit einen Strich durch die Rechnung. Er mußte sitzen bleiben. Und da saß er noch lange. Doch niemand bedauerte ihn. Er versuchte zu erklären: „Alte Geschichte. Wahrscheinlich noch aus der Zeit, als ich mit Dorothea zwei Jahre auf einem Hausboot wohnte. Das war der Anfang unserer Ehe.“

Bald geriet F. H. ins Schwärmen über die angebliche Hausbootzeit. Dorotheas neue Mieter hörten ihm erst beiläufig, später hingerissen zu, und der Gitarrenspieler klimperte nicht mal.

„Warum hast du dich eigentlich von Dorothy getrennt?“ fragte Ilona ihn wie aus heiterem Himmel.

F. H. war empört. „Das sieht doch nur so aus. Wir sind immer noch zusammen. Nur, mit dieser Frau kann man nicht zusammen leben, zumindest nicht auf Dauer. Sie hat sogar ihre eigene Familie, unsere Tochter mit Anhang, rausgeekelt. Stromabsperren und das Wasser. Ihr kennt ja das ganze reaktionäre Programm.“

Doch Stefan nahm Dorothea in Schutz. Sie sei schon in Ordnung, meinte er.

„Wo ist sie denn jetzt?“ sorgte sich Ilona.

F. H. schmunzelte. „Sie kommt bald zurück.“

Trotzdem, nach einem weiteren Schlag Müsli entschlossen sich alle, Dorothea zu suchen, weil sie eben nicht zurückkam, sondern friedlich in einem Hotelbett schlief.

Stefans Truppe sorgte sich um Teufels Großmutter. Die Suche dauerte bis in den frühen Morgen hinein.

Als Dorothea auf den Werfthof fuhr, warteten F. H., Stefan und Ilona im Windschatten eines Bootes völlig verfroren auf die Werftchefin.

„Wo waren Sie denn, Dorothy?“ fragte Stefan streng.

Dorothea lächelte. „Im Hotel. Scheußliche Betten. Was macht ihr denn schon so früh hier?“

„Wir haben dich die ganze Nacht gesucht“, krächzte F. H. „Sogar in unserem alten Hausboot, das ja wirklich total verrottet ist.“

Dorothea konnte sich an kein Hausboot erinnern. F. H. tat leicht pikiert.

„Also, Schatz, das verstehe ich nicht. Das waren unsere einzigen Zeiten friedlichen Beisammenseins. Wir verbrachten dort zweijährige Flitterwochen. Erinnerst du dich nicht?“ Unauffällig machte F. H. ihr ein Zeichen, sich um Himmels willen an das Hausboot zu erinnern.

Dorothea verstand bei Hausboot nur Bahnhof.

Schließlich gelang es F. H., Dorothea ins Büro zu ziehen, bevor die jungen Leute argwöhnisch wurden.

„Was für ein Hausboot, du Schuft?“

F. H. blickte in ihr kriegerisches Gesicht.

„Dorothea, mein Schätzchen, kapierst du denn gar nichts? Unten liegt ein altes Wohnboot von einer Baggergesellschaft. Ich habe einfach behauptet, wir hätten dort unsere Flitterwochen verbracht und dann zwei Jahre dort gewohnt. Dieses Boot ist doch der richtige Platz für moderne junge Leute wie deine Mieter. Die müßten sich das nur etwas romantischer gestalten als die Baggergesellschaft. Du brauchst doch wieder deine Unabhängigkeit ... Und ich auch.“

Dorothea lachte. Sie fand die Idee auf Anhieb sehr gut. Trotzdem wandte sie ein: „Ich war mein Leben lang gegen Lug und Trug, Lügen und Schwindeleien. Das ist wieder ein typischer Einfall von dir, der mir ausnahmsweise sehr gut gefällt.“

F. H. und Dorothea gingen zum Ufer, wo Ilona und Stefan bereits auf dem Hausboot herumturnten.

Stefan brüllte herüber: „Warum seid ihr hier jemals ausgezogen? Das Ding ist ja ein Hammer. Kein Vergleich mit deiner langweiligen Hütte."

F. H. und Dorothea waren in diesem Moment sehr glücklich. Vielleicht stellten sie sich sogar vor, wie es gewesen wäre, wenn sie wirklich vor Jahrzehnten hier eingezogen wären.

Dorothea jubelte verlogen: „Es tut mir in der Seele leid, wenn ihr mich verlaßt, Kinder."

F. H. schaute sie richtig schelmisch an.

„Dorothea, übertreib jetzt nicht."

Stefan brüllte zurück: „Dorothy, du mußt endlich lernen, selbständig zu werden. Take it easy."

„I take it", murmelte Dorothea und wollte sich tatsächlich in den Arm ihres alten F. H. kuscheln. Aber da fielen ihr die zahlreichen Endvierzigerinnen ein, und so ließ sie es bleiben.

Das Ganze war wirklich eine Riesenidee von F. H.

Vorerst war das Hausboot allerdings noch nicht bezugsfertig. Deshalb wohnten die jungen Leute noch bei Dorothea. Aber das aufreizende Matratzenlager war und blieb verschwunden. Der Gitarrenspieler bemühte sich um harmonische Akkorde, vor allen Dingen um leisere, und Dorothea machte es schließlich sogar Spaß, ihm zuzuhören. Telefonieren tat er auch seltener.

An einem dieser glücklichen Nachmittage, es war ein Samstag, weckte der Schrei nach fünfzig Mark Dorothea aus ihren schönen Gedanken auf.

„Wofür, um Himmels willen, brauchst du fünfzig Mark, Stefan?" fragte sie.

„Ich wollte dir ein paar Blumen kaufen." Stefan meinte es ganz ehrlich.

Dorothea gab ihm das Geld.

An diesem Samstagnachmittag erschienen Hetty, Doris, Friedrich und Frank vor der Villa der Großmutter. Hetty trug einen großen Blumenstrauß, der sie völlig verdeckte, Friedrich einen kleineren, der ihn nicht verdeckte, und Doris ein zierliches Sträußchen. Dorothea gefielen alle.

Frank hatte seine Nase in einem Fachbuch versteckt, in dem er immer dann las, wenn ihm etwas unangenehm war. Die Diplomatie seiner Familie war ihm unangenehm.

Hetty schreckte ihn auf. „Wir sind da, Frank."

Frank stammelte ein überraschtes „Wo sind wir?"

„Bei Mutter. Und sag bitte kein abfälliges Wort über das Chaos hier, klar?"

Dann betraten alle das Haus. Sie begrüßten Dorothea etwas zu laut und etwas zu feierlich. Ganz offensichtlich waren sie nicht nur gekommen, um ihren Frieden mit Dorothea zu machen, sondern auch, um nach dem Rechten zu sehen.

Aber von Chaos war keine Spur mehr, außer daß Otto auf seinem Nachttopf quer durch die Halle rutschte.

Friedrich versuchte, die gespannte Atmosphäre etwas zu lockern, und prahlte: „Ich habe die drittbeste Gedichtinterpretation geschrieben. Alles nur Sechsen. Ganz wenig hervorragende Fünfen. Ich habe die beste Fünf."

Gott sei Dank hörte ihm keiner zu.

„Frank, hast du mittlerweile ein neues Schmerzmittel entwickelt?"

„Nein, Mutter." Er stockte.

Hetty überwand sich, ihre Mutter und deren Hausgäste für den Abend zum Essen einzuladen. Sie nannte es allerdings „Diner".

Die Wiederherstellungsarbeiten auf dem Hausboot machten gute Fortschritte. Stefan war sehr geschickt, und so sah das schwimmende Zuhause schließlich sehr hübsch, sehr bequem und vor allen Dingen sehr wasserfest aus. Verstärkt wurde dieser Gesamteindruck noch durch eine wohlausgewogene Farbfülle, die dem Boot etwas Kühn-Strotzendes verlieh. Ein langweiliger Laie hätte es nur für bunt gehalten.

Durch Spenden aus der Werft, denn Stefan war mittlerweile sehr beliebt geworden, kam richtiges Mobiliar – Betten, Tische und Stühle – zusammen. Binnenbruck spendierte sogar ein altes Schwarzweißfernsehgerät. Ihm gefiel diese Hausbootidee mittlerweile sehr gut, denn er wollte auf Stefan, einen sehr guten Schweißer, nicht verzichten.

Dorothea aber doch.

„Du gehst auf die Ingenieurschule zurück, mein Junge“, duzte sie Stefan. Der wagte keine Widerrede, denn die Großzügigkeit Dorotheas und ihrer Leute hatte ihn übermannt.

Aber es sollte noch schlimmer kommen. Als erstes vertraute Dorothea sich ihrem Binnenbruck an.

„Binnenbruck, ich werd dir was sagen. Unserem Stefan droht die Haube. Ich meine, er sollte geheiratet werden, von Ilona. Schließlich haben sie schon ein Kind, und ich bin ein alter Spießer.“

Binnenbruck fand Spießer manchmal sehr sympathisch.

Nach dem Umzug in das Hausboot richtete Dorothea höchstpersönlich die Hochzeit aus. Das heißt: sie kochte. Es gab Eisbein nach Berliner Art mit Bohnen und Erbspüree, dazu geräucherten Schweinebauch.

Hetty und die Ihren waren auch da, auch F. H. und die gesamte Bootswerft. Nach dem hervorragenden Essen litten alle unter erheblichem Magendrücken. Nur Dorothea nicht. Und Otto. Die beiden hielten etwas aus.

Auf den Hund gekommen

Das neuerliche Alleinsein bekam Dorothea nicht besonders. Sie stritt täglich mit Binnenbruck auf ihre unvergleichlich rüpelhafte Weise, für die es glücklicherweise niemals Zeugen gab. Das Ansehen Binnenbrucks als Werkmeister und Dorotheas als Firmeninhaberin wäre ins Bodenlose gestürzt.

Hetty hatte ihrer Familie eingeschärft, die undankbare Oma nur noch offiziell zu besuchen, also sonntags nachmittags um vier zum Tee. Aber Hetty hielt das selbst nicht lange durch. Bald packte sie das Grauen angesichts der unaufgeräumten Küche, und so kam sie jeden zweiten Tag, um ihrer Mutter zu helfen.

Dorothea fuhr immer noch im ersten und zweiten Gang mit ihrem 260 Stundenkilometer schnellen Porsche. Mindestens zweimal täglich sah sie ihren geschiedenen F. H., wenn dieser scheinbar zufällig vorbeikam oder sie ebenso rein zufällig vor seiner Stadtwohnung herumkurvte. Was lag also näher, als ihr Leben noch gründlicher umzukrempeln?

Wie üblich begann es am Morgen mit ohrenbetäubendem Lärm aus den übergroßen Boxen ihrer üppigen Stereoanlage. Doch Dorothea hörte gar nicht hin. Es war nämlich ein weiteres hochtechnisches Gerät dazugekommen: ein Heimcomputer mit einer hinreißenden Tastatur, einem grünlich leuchtenden Bildschirm, einem Drucker und einem Rechner. Dieses Schmuckstück stand auf einem rollbaren Tisch, und während aus den Lautsprechern Mozart donnerte, bewunderte Dorothea ihre neue Anschaffung, als seien es die Kronjuwelen von England.

Trotz dieser frühen Morgenstunde war sie nicht allein. Neben ihr stand Werkmeister Binnenbruck und begeisterte sich ebenfalls für das technische Wunderding, das alle Rechnungen der Bootswerft in sich barg, alle Außenstände im Gedächtnis hatte und alle Schulden und Lohnabrechnungen. Die beiden schwiegen, was selten genug vorkam, wenn sie allein miteinander waren.

Doch plötzlich platzte es aus Dorothea heraus: „Binnenbruck, du bist ein Trottel, daß du mich nicht schon vor Jahren angehalten hast, so ein Ding zu kaufen!"

Binnenbruck verstand nicht, was sie sagte, die Musik war zu laut, und er hatte auch keine passende Antwort parat. Endlich schaltete Dorothea die Stereoanlage ab und wiederholte ihre Feststellung.

„Holländer sind nun mal mißtrauisch", meinte Binnenbruck nur und starrte plötzlich gar nicht mehr so liebevoll auf den Computer. „Chefin, kennen Sie sich damit wirklich schon aus?"

Dorothea lächelte gütig, und dann begann sie mit einem sehr umständlichen Ein-Finger-Suchsystem, Binnenbrucks Namen in den Computer einzutippen.

Konzentriert warteten sie auf die Antwort der elektronischen Intelligenz.

Nichts.

Dorothea ging ein Licht auf. Sie fand einen Knopf, der sehr wichtig aussah und von dem sie behauptete, daß erst dieser Knopf alle Daten klar und deutlich auf dem Bildschirm erstrahlen lassen würde. Und siehe da, der Computer antwortete. Bildfüllend und deutlich lesbar verkündete er nur ein einziges Wort:

ERROR.

„Das war wohl nichts", meinte Binnenbruck. Gelassen antwortete Dorothea, daß die Technik sich manchmal sehr kokett gebärde.

„Und wenn Sie den falschen Knopf gedrückt haben, Chefin?" stichelte Binnenbruck. „Ich meine, was soll an mir schon ein Irrtum sein?"

Noch gab sich Dorothea nicht geschlagen. Sie rollte eine weitere Neuanschaffung ihres veränderten Lebens an den Computer, einen modernen Drehstuhl.

„Das Ganze noch mal von vorn. Das wäre ja noch schöner, wenn so ein dusseliger Computer Dorothea Vollmer, genannt Teufel, über den Kopf wüchse."

ERROR.

Binnenbruck meinte fürsorglich, daß man im Moment einen Hospitanten auf der Werft beschäftige, einen Ingenieurstudenten, der sich sicherlich mit solchem technischen Firlefanz auskenne.

Prompt verlor Dorothea die Nerven, drückte einen Knopf, auf dem TRIN stand, und im Nu schoß eine Flut von Papier aus dem Drucker. Die ganze Angelegenheit war nicht mehr anzuhalten, bis Binnenbruck der rettende Einfall kam, den Netzstecker herauszuziehen.

Das war nun das zweitemal, daß man Dorotheas technischen Geräten einfach den Saft abdrehte. Sie wollte gerade wieder „Kündigung" brüllen, als Binnenbruck ihr zuvorkam.

„Chefin, unsere alte Buchhalterin, die das immer von Hand gemacht hat, war viel besser. Zweiundvierzig Jahre hat sie in Ihrer Firma gearbeitet, länger als Sie selbst. Die kennt uns in- und auswendig. Aber Sie mußten ja unser gutes altes Albertinchen aufs Altenteil prügeln. Pfui Teufel!"

Binnenbruck hatte sich richtig in Rage geredet, und Dorothea wußte, daß er in manchen Punkten recht hatte. Albertinchen war wirklich eine Perle. Besser zumindest als dieser blöde Computer an diesem unfreundlichen Morgen. Aber etwas mußte sie doch richtigstellen.

„Hör zu, Junge, ich habe Albertinchen nicht aufs Altenteil geprügelt, sondern ich habe sie fünf Jahre über ihr Rentenalter beschäftigt. Sie war schließlich schon siebzig!"

„Aber trotzdem noch gut beieinander, sonst hätten Sie ihr zum Abschied ja nicht dieses Monster geschenkt", trumpfte Binnenbruck auf.

Das war nun auch wieder wahr.

Albertinchen hatte sich ihr Leben lang einen Hund gewünscht. Aber als berufstätige Frau konnte sie nie einen halten. Prompt versüßte Dorothea ihr den Schritt ins Pensionärsdasein – mit einem Bernhardiner. In diesem Punkt waren Dorothea und Albertinchen einer Meinung: Sie haßten die kleinen Pfiffis, die kläffenden Rennhamster . . .

Dorothea betrachtete das Chaos in ihrem Zimmer und kapitulierte. „Du hast recht, Binnenbruck, Albertinchen war ein As. Ich fahre jetzt zu ihr." Und weg war sie.

Wie üblich knatterte Dorothea im zweiten Gang quer durch die Stadt. Vor Albertinchens Wohnung hielt sie bestürzt an. Vor dem Haus parkte ein Leichenwagen. Die Gehilfen des Bestattungsunternehmers schoben gerade einen Sarg in den Wagen und schlossen beide Türen. Voll böser Ahnungen blickte Dorothea zu den Fenstern von Albertinchens Wohnung hinauf. Die Rollläden waren heruntergelassen.

Der Leichenwagen fuhr ab. Und dann sah Dorothea auf einmal den Bernhardiner, traurig und verlassen, hundeeinsam. Bernhardiner sehen eigentlich selbst in ihren seligsten Stunden immer leicht bekümmert aus. Aber einem bekümmerten Berhardiner ins Gesicht zu schauen, das ist eine Prüfung, die kaum ein mitfühlender Mensch aushält. Und Dorothea gehörte nun einmal zu den mitfühlenden Menschen.

Krampus saß da und schaute dem davonfahrenden Leichenwagen nach. Auch der sanfte Versuch einer Wohnungsnachbarin, Krampus am Halsband wieder ins

Haus zu ziehen, war zwecklos. Der Hund wich keinen Millimeter von der Stelle. Plötzlich sprang er auf, rannte davon und folgte dem Leichenwagen.

Dorothea war erschüttert, und es war durchaus nicht klar, was ihr mehr zu Herzen ging: der Tod des guten Albertinchens oder das Elend dieses gebrochenen Hundeherzens. Sie hatte auch keine Zeit, darüber nachzudenken, denn Krampus war bereits hinter einer Ecke verschwunden und nicht mehr zu sehen.

Dorothca startete hastig ihren Wagen und fuhr hinterher. Ziemlich schnell hatte sie den todtraurigen Hund eingeholt. Doch Krampus ahnte die Verfolgung und entwischte unerwartet in eine Seitenstraße. Dorothea folgte ihm mit heulendem Motor.

Krampus' Hundeinstinkt hatte sich auf zwei Dinge eingestellt: erstens mußte er Dorothea entkommen und zweitens aber auch dem Leichenwagen folgen. So jagte er auf vielen Umwegen immer wieder dem Wagen hinterher und landete schließlich auf der Auffahrtsallee zum Friedhof.

Doch Dorothea hatte sich nicht abschütteln lassen. Wenig später kam sie am Friedhof an. Da fand sie Krampus nun vor dem Portal der Aussegnungshalle, alle viere von sich gestreckt und unendlich traurig.

Langsam ging Dorothea auf ihn zu und sprach ihn leise an. Krampus reagierte nicht. Gerade traurige Hunde wollen ihre Ruhe haben.

Dorothea begann trotzdem, auf Krampus einzureden, daß ein Tierheim ja auch nicht das Schlechteste sei und daß sie höchstpersönlich das beste aussuchen würde. Nichts interessierte Krampus. Er wandte den Kopf ab, was bekanntlich ein deutliches Zeichen ist, daß ein Hund alleine gelassen werden will. Er knurrte sogar.

Dorothea erzählte ihm, daß er sein Albertinchen doch nur durch sie kennengelernt habe. Vielleicht hatte er das verstanden, jedenfalls ließ er sich nun ein bißchen auf dem Rücken streicheln.

Beiläufig tastete sich Dorotheas Hand zum Hundehalsband vor und wollte ihn fortziehen.

Bernhardiner wiegen im Durchschnitt achtzig Kilo. Krampus wog fünfundneunzig. Er war ein außergewöhnlich großes und von Albertinchen auch gut genährtes Tier. Wie ein Jahrtausende alter Felsbrocken ließ er sich nicht von der Stelle bewegen.

Die ganze Angelegenheit hatte inzwischen bei den anderen Friedhofsbesuchern ein gewisses Aufsehen erregt, und Dorothea wurde zunehmend nervöser.

„Ich bin doch die letzte, die deinen Schmerz nicht versteht, Krampus. Also, nun komm. Du mußt auch nicht in ein Tierheim, du kommst erst mal mit zu mir. Das mit Albertinchen tut mir wahnsinnig leid, aber das Leben geht weiter. Ich habe auch meinen Mann verlo-

ren ... obwohl er noch da ist. Das Leben geht weiter. Komm, Krampus."

Krampus kam nicht.

Dorothea beschloß, Hilfe zu holen. Sie ging zu einer Telefonzelle und rief Binnenbruck an. Für normale Hilfe war ja ihre Familie zuständig, aber für außergewöhnliche Fälle Binnenbruck. Der versprach, sofort mit einigen Mitarbeitern der Werft zu kommen.

Was Teufels Großmutter nicht wußte, war, daß Binnenbruck noch schnell Hetty anrief. Zu solchen Hinterhältigkeiten war er immer dann fähig, wenn die Wünsche und Überlegungen seiner Chefin ihm zu ausgefallen erschienen. Binnenbruck liebte seine Chefin, aber er respektierte auch ihre Familie.

Hetty legte betroffen den Telefonhörer auf. Doris kam gerade aus der Schule zurück, weil wieder einmal der Biologieunterricht ausgefallen war.

„Was wollte Oma denn?"

„Ach, Schätzchen, es geht um einen Hund ... vor einer Leichenhalle."

Die Mitarbeiter der Bootswerft Teufel reagierten betroffen auf die Nachricht von Albertinchens Tod. „Furchtbar. Ein Leben lang hat sie gearbeitet und dann nur sechs Monate Rente bekommen." Das war der allgemeine Tenor.

Die Mitarbeiter Franz und Theo fuhren mit Binnenbruck zum Friedhof.

„Wir müssen Albertinchens Hund und unsere Chefin dort abholen", war die kurze Information von Binnenbruck. Die beiden altgedienten Mitarbeiter nickten.

Nach wie vor lag Krampus vor der Leichenhalle. Ein Friedhofsgärtner war auf ihn aufmerksam geworden und näherte sich ihm langsam mit einem hölzernen Rechen.

Krampus beachtete ihn nicht. Er hatte nur Augen für die Eingangstür der Aussegnungshalle.

Dorothea stoppte den Mann. „Was wollen Sie denn?"

„Ein Hund auf dem Friedhof ohne Leine, das ist verboten", sagte der Friedhofsgärtner.

Dorothea explodierte sofort.

„Das hab ich noch nie gehört, daß trauernde Hinterbliebene an Leinen geführt werden müssen", fauchte sie ihn an. Zu allem Überfluß fragte dieser Mann sie noch, ob das ihr Hund sei.

„Sehe ich etwa tot aus? Aber das hier *wird* mein Hund, wenn Sie nichts dagegen haben."

Der Friedhofsgärtner hatte anscheinend nichts dagegen, warnte Dorothea aber vor den angeblich gefährlichen, blutunterlaufenen Augen des Bernhardiners.

Dorothea streichelte Krampus über den Kopf.

„So ein Schwachsinn. Natürlich sind seine Augen rot. Die hat er sich doch fast ausgeheult, Sie Rohling. Und gehen Sie sofort mit dieser Harke da weg."

Der Gärtner murmelte noch etwas Unverständliches und machte sich davon.

Dorothea redete wieder beruhigend auf Krampus ein. Sie versuchte ihm klarzumachen, daß er hier auf dem Friedhof nicht bleiben könne, und blickte immer wieder die Auffahrtsallee hinunter, wo jeden Moment Binnenbruck und ein paar Bootsbauer auftauchen mußten. Endlich kamen sie. Dorothea atmete auf. Nur der Auftritt ihrer Mitarbeiter mißfiel ihr: Sie stürmten die Allee hinauf. Aber nicht nur Binnenbruck und seine Mannen, sondern auch Hetty und Doris.

Schon von weitem hatte Hetty den Ruf auf den Lippen: „Aber Mutter, was tust du denn hier?"

Franz und Theo hatten schwere Schiffstaue mitgebracht für den Fall, daß Krampus auf gutes Zureden oder tüchtiges Anpacken nicht reagierte. Hetty versuchte zaghaft, den Hund zu streicheln, obwohl sie vor fünfundneunzig Kilo Hund eine Menge Angst hatte. Nur Doris blieb fröhlich und guter Dinge und kniete vor Krampus nieder.

Inzwischen hatte Dorothea den Bootsbauern die Schiffstaue entwunden.

„Idiot!“ beschimpfte sie leise Binnenbruck.

Der seufzte. „Ja, das Schicksal schlägt manchmal hart und grausam zu.“

„Es ist furchtbar“, stimmte Dorothea ein und verkündete dann, daß sie das große Hundetier auf dem Werftgelände unterzubringen gedachte.

Hetty fiel ein Stein vom Herzen.

„Doris, geh nicht zu dicht an das Tier heran“, befahl sie. Aber Doris schob sich dichter und dichter an Krampus heran und flüsterte ihm etwas ins Ohr. Dann stand sie wieder auf und grinste.

„Aber wie kriegen wir Krampus hier weg?“ fragte Dorothea in die Runde. Die beiden Gehilfen deuteten vielsagend auf die Stricke, die Dorothea ihnen entwunden hatte, und auf einen Karren, in dem die Friedhofsgärtner das fallende Herbstlaub abtransportierten.

„Man könnte ihn vielleicht zum Werftgelände rollen“, meinte einer.

„Das kann doch nicht dein Ernst sein, Krampus festzubinden“, protestierte Doris.

„Natürlich nicht“, beruhigte Hetty ihre Tochter.

Die drei Männer bemühten sich, Krampus hochzuheben. Doch Krampus blieb wie ein nasser Sack auf dem Boden liegen. Und wer jemals versucht hat, einen fünfundneunzig Kilo schweren nassen Sack hochzuheben, weiß, daß das unmöglich ist.

Doris grinste. Dann pfiff sie plötzlich durch die Zähne. Krampus spitzte die Ohren, erhob sich und wedelte auf Doris zu. Sie lief einige Schritte, und Krampus folgte ihr. Aus Doris’ Grinsen wurde ein jauchzendes Lachen.

Hetty schaute mehr als mißtrauisch, sie war zutiefst besorgt und ahnungsvoll. Großmutter Dorothea traf den Nagel auf den Kopf.

„Er liebt Doris."

Doris streichelte den Bernhardiner. Als die Großmutter ihr vorschlug, in Richtung Auto zu gehen, um zu sehen, ob der Hund ihr auch dahin folgte, stürmte Doris die Allee hinunter, und Krampus hechelte hinterher.

Das Abtransportproblem hatte sich auf das erfreulichste gelöst.

Irgendwie schaffte es Doris, den riesigen Hund hinter die beiden Sitze des roten Porsche zu zwängen. Sie selbst setzte sich auf den Beifahrersitz.

Nun kam auch die restliche Rettungsmannschaft die Friedhofsallee hinab. Werkmeister Binnenbruck ging wieder zur Tagesordnung über: „Und was wird jetzt mit der Abrechnung?"

Dorothea legte den Arm um ihre Tochter und blickte sie strahlend von der Seite an.

„Die Lohnabrechnung, Binnenbruck, kommt pünktlich wie immer, nicht wahr, Hetty? Wozu habe ich dich auf die Handelsschule geschickt? In Buchführung warst du immer ein As."

Natürlich widersprach Hetty nicht, denn sie war immer sehr hilfsbereit und mitunter eher traurig, daß ihre Mutter sie so selten um ihre Hilfe bat.

Als sie ihre Tochter Doris auf dem Beifahrersitz und Krampus eingezwängt auf dem Notsitz liegen sah, lachte sie. „Doris hatte schon immer ein Händchen für Tiere."

Sofort ergriff Dorothea die günstige Gelegenheit beim Schopf: „Deswegen möchte ich dich auch bitten, mir zu gestatten, Doris und Krampus mit nach Hause zu nehmen. Auf dem Werftgelände kann sich Doris ja schließlich nicht um ihn kümmern. Das geht nur bei mir zu Hause."

Aha, daher wehte also der Wind. Hetty hatte es doch geahnt. Alles nur ein Trick, ein Vorwand, um von den eigentlichen Wünschen abzulenken.

„Du brauchst diesen Bernhardiner doch nur, um deine Einsamkeit zu ertragen, seitdem du allein in diesem Hause wohnst. Nicht wahr, Mutter? Gib's zu."

„Ja, und Doris auch, Hetty, damit Krampus bei mir bleibt und nicht wieder zurück auf den Friedhof rennt. Zumindest für eine gewisse Zeit."

Schließlich hielt der Porsche vor Dorotheas Haus. Mühsam pulten sich Hetty und Doris vom Beifahrersitz und Krampus vom engen Rücksitz. Mutter und Tochter schleppten sich zur Haustür. Krampus humpelte hinterher. Nur Dorothea barst vor Aktivität und redete ununterbrochen auf Hetty ein.

„Du hast doch Verständnis dafür? Krampus hat sich schon so an Doris gewöhnt. Weiß der Teufel, warum. Doch jetzt komm erst mal mit hinein. Ich muß dich in die Geheimnisse unserer Buchführung einweisen."

Alle vier gingen hoch ins Schlafzimmer. Bevor Dorothea Doris und Krampus zum Spielen in die Halle schikken konnte, um in Ruhe mit Hetty zu reden, hatte Doris den Computer entdeckt und strahlte mit dem Verständnis der jungen Generation für die Technik.

„Mensch, Oma, das ist ja der UV 2000! Ein Supergeschoß", sagte sie.

Dorothea lachte silberhell, drückte Enkelin und Hund zum Zimmer hinaus und verschloß die Tür.

Hetty dachte in diesem Moment weniger an den Computer als an die hinterlistigen Pläne, die ihre Mutter mit dem Hund und ihrer Tochter hegte. Irgendwie ahnte sie natürlich schon den nächsten Schritt dieser Bernhardiner-Rettungsaktion. Da Doris nicht für alle Zeiten bei der Großmutter leben konnte, würde früher oder später Krampus in ihrem, Hettys, wohlgeordnetem Heim enden. Und wie sollte dieser riesige Hund in einer

Wohnung leben, die selbst für einen Yorkshireterrier nicht geeignet war?

Dorothea schien Gedanken lesen zu können.

„Ich denke nicht an eure Wohnung, mein Kind", beteuerte sie. „Ich denke an mein Haus. Übergangsweise müßte allerdings Doris bei mir einziehen, bis mich der Krampus auch liebt." Dorothea nahm Hetty in die Arme und drückte sie an sich, wobei ihr sogar ein paar echte Tränen gelangen.

Hetty nickte nur. Dann beugte sie sich über den Computer.

An diesem Abend ging Doris im Hause ihrer Großmutter früh schlafen. Vor ihrem Bett ruhte Krampus. Er seufzte, fühlte sich wieder geborgen und leckte die Hand, die Doris aus dem Bett hängen ließ.

Dorothea und Hetty schauten vorsichtig durch die geöffnete Tür, lächelten und machten sie leise zu.

Unten in der Wohnhalle trat Werkmeister Binnenbruck nervös von einem Fuß auf den andern und quälte sich mit dem Gedanken an die Lohnabrechnungen. Immer noch war kein rechtschaffenes Programm aufgestellt worden. Seine Chefin hatte den Computer sowieso schon verrückt gemacht mit ihrem ständigen INPUT- und OUTPUT-Gedrücke. Der UV 2000 hatte einfach keine Lust mehr, irgend etwas Vernünftiges auf den Bildschirm zu zaubern.

Oben am Treppengeländer erschienen zu Binnenbrucks Verwunderung Frank und Friedrich. Beide wirkten arg zerzaust.

Friedrich brüllte nach unten: „Papa hat vielleicht einen Blödsinn programmiert, Mami, komm doch mal hoch und schau dir das an."

„Friedrich, das ist ein sogenanntes Sparprogramm", verteidigte sich Frank.

„Du hast doch keine Ahnung“, stöhnte Friedrich. „Du mußt nur ‚Code 11‘ drücken und die Eingabe mit der Mehrwertsteuer überspringen, dann geht UV 2000 wie geschmiert, und ihr habt eure Lohnabrechnungen.“

Frank schob seinen Sohn wieder ins Schlafzimmer seiner Schwiegermutter. „Also bitte, wenn du's besser weißt, dann drück doch deinen ‚Code 11‘.“

Friedrich drückte, doch der verwirrte Computer streikte immer noch.

„Siehste, jetzt geht gar nichts mehr.“

Hetty machte dem Krach ein Ende.

„Wir schlafen heute nacht alle hier bei Mutter, und morgen früh stehen wir in aller Herrgottsfrühe auf und machen mit frischem Verstand am Computer weiter.“

Der UV 2000 hatte für eine Nacht die Familie wieder zusammengeführt. Dorothea schmunzelte. Das hatte sie fein hingekriegt.

Auch Binnenbruck merkte, daß heute nichts mehr zu holen war. Er verabschiedete sich resigniert und verließ das Haus.

Hetty wunderte sich, daß in ihrem alten Elternschlafzimmer plötzlich wieder Betten standen.

„Für deinen Bruder Thomas, wenn er mit seiner Frau mal zu Besuch kommt“, lächelte Dorothea feinsinnig.

„O Mutter, du bringst an einem Tag wirklich alles durcheinander!“

„Ja, das hab ich dir eben voraus“, antwortete Dorothea übermütig.

Nachdem sich Friedrich eine halbe Stunde lang schlaflos im Bett gewälzt hatte und auch Vater Frank nicht einschlafen konnte, trafen sie sich in Dorotheas Schlafzimmer vor dem Heimcomputer.

„Für meine Mathe-Hausaufgaben ist er glänzend geeignet“, verteidigte Friedrich den Computer.

„Das glaube ich dir ja, Friedrich, aber wie kriegen wir diese blöde Mehrwertsteuer in Großmutters Programm?“

Sie fummelten noch zwei Stunden an dem Computer herum, aber UV 2000 mochte keine Mehrwertsteuer annehmen. Zumindest nicht an diesem Abend. So gingen Vater und Sohn endlich wieder ins Bett.

Unterdessen hatte sich Dorothea in die Küche geschlichen, holte Fleisch und Wurst aus dem Kühlschrank und schnitt sie in kleine Stücke. Sie war glänzender Stimmung und summte leise Mozart vor sich hin.

Als überall im Haus das Licht ausging, schlich sie die dunkle Treppe hoch zum Kinderzimmer. Vorsichtig öffnete sie die Tür und kroch auf allen vieren, den Teller mit den kleingeschnittenen Leckerbissen vor sich herschiebend, auf Krampus zu, der hingebungsvoll vor Doris' Bett schnarchte. Krampus öffnete ein Auge, betrachtete die wie eine alte Indianerin auf dem Boden robbende Dorothea, die ihn mit einem Haufen Fleisch- und Wurststückchen bestechen wollte, und knurrte.

Dorothea verfiel sofort leise in die Hunde- und Babysprache. „Ei, ei, ei, wie fein, hier, Krampus, hmmm, Leckerli.“

Krampus schaute angewidert in eine andere Richtung. Zum Schluß legte er auch noch höhnisch den Kopf zwischen die Pfoten und schloß wieder die Augen.

Mutig kroch Dorothea noch dichter an ihn heran, nahm ein Stück Fleisch zwischen Daumen und Zeigefinger und hielt es dicht vor Krampus' dicke Nase, um ihn auf diese Weise zu verwirren.

Doch Krampus blieb hart. Er beachtete Dorothea nicht. Nicht mal um diesen Preis.

„Ist es, weil du mich nicht magst?“ flüsterte Dorothea. „Aber das ist doch Unsinn. Schau mal hier diese herrliche Jagdwurst, die ist sehr fein. Meine Lieblingswurst.“ Tatsächlich steckte sich Dorothea selbst ein

Stück Wurst in den Mund und kaute mit Genuß. Nase an Nase mit Krampus.

„Siehst du, ich esse sie auch."

Krampus rülpste grundlos. Nun war Dorothea beleidigt. Energisch stellte sie den Teller vor Krampus' Nase und zog sich ebenso genial, wie sie hereingerobbt war, aus dem Kinderzimmer zurück.

Am nächsten Morgen warf die Sonne ihre Strahlen auf Dorotheas neuen Heimcomputer.

„Na, dann wollen wir mal sehen."

Ausgeschlafen setzte sich Dorothea in preußisch gerader Haltung vor den Computer, drückte einen Knopf, und ein grünes Bereitschaftszeichen flackerte tatsächlich auf dem Bildschirm auf.

„Also, jetzt mach mir keinen Kummer, Herzchen."

Dorothea drückte eine flammend rote Taste. Der Computer arbeitete und förderte herrliche Zahlenkombinationen auf den Bildschirm. UV 2000 hatte sich bestens ausgeruht (wenn es bei einem Computer so etwas gibt).

Dorothea war hellauf begeistert und drückte jetzt die Taste COPY. Und siehe da, der Computer befahl dem Drucker, blitzschnell die Zahlenkolonnen auf weißem Papier auszudrucken.

Stolz blickte Dorothea auf die hervorquellenden Papierbögen. Dann stürmte sie aus ihrem Zimmer, lehnte sich über die Galerie und brüllte mit dem ganzen Orkan ihrer Stimme: „Kinder, alles aufstehen! Er funktioniert! Er funktioniert!"

Nur Krampus und Doris tauchten in der Halle auf.

„Aber Oma. Die sind doch alle schon längst fort."

„Ach." Dorothea blickte auf ihre Armbanduhr. „Huch! Wieso bist du denn noch hier? Warum bist du nicht in der Schule?"

„Aber Oma, ich war doch schon in der Schule."
„Und Krampus?"
„Der hat vor der Schule auf mich gewartet."
So schnell sie konnte, lief Dorothea die Treppe hinunter, gab ihrer Enkelin einen Kuß und wollte Krampus streicheln. Der Hund wich sofort zurück und schaute Dorothea ablehnend an.
Die warf einen strengen Blick auf Doris.
„Wieso mag Krampus mich nicht? Dieses Tier kann sich offensichtlich nur für eine einzige Person entscheiden. Das ist sehr schlecht für uns, mein Kind. Du solltest dich nicht so frühzeitig binden. Du kannst doch nicht die nächsten zehn oder zwölf Jahre mit einem Bernhardiner im Schlepptau durchs Leben gehen!"
Wahrscheinlich hätte Krampus darauf gerne etwas erwidert. Aber Hunden ist das Sprechen, wie man weiß, von Geburt an versagt. Möglicherweise kam ihm auch in diesem Augenblick der Gedanke, daß die alte Dame eigentlich doch recht nett sei und nur ihr Tempo ein bißchen zu flott – gewissermaßen nicht seine geruhsame Wellenlänge.
Doris' Reaktion auf Großmutters lebenskluge Warnungen entbehrte jeden Respekts. „Oma, du bist nur eifersüchtig. Das ist alles."
Dorothea zog es vor, das Thema zu wechseln.
„Und du gehst jetzt sofort nach Hause und machst deine Schularbeiten. Dann kannst du ja wiederkommen. Einverstanden?" Schon schob sie ihre Enkelin zur Tür hinaus und verstand es listig, dem hinterhertrottenden Krampus die Tür vor der Nase zuzuknallen. So blieb Krampus allein mit ihr im Haus zurück.
Anfangs war er sehr verdutzt. Dann nutzte er jedoch die Ruhe, legte sich hin und schlief bald tief und fest. In der vergangenen Nacht war er bekanntlich von Dorothea mit ihrem albernen Wurstteller am geruhsamen Schlaf gehindert worden.

Viel zu spät hoppelte Dorothea mit ihrem Porsche auf den Werfthof. Stolz winkte sie mit den Blättern der Gehaltsabrechnung. Werkmeister Binnenbruck ging ihr hocherfreut entgegen.

„Geschafft, Binnenbruck. Wir haben die Sache voll im Griff. Was sagst du nun, du Pfeife? War was los? Ich bin ein bißchen spät dran."

Binnenbruck warf einen kurzen Blick auf die Gehaltsabrechnungen. „Scheint ja alles in Ordnung zu sein, Chefin. Wie geht's denn dem Hund?"

„Er ist völlig verrückt nach mir."

Binnenbruck grinste, als Dorothea aus ihrem Porsche einen Korb mit dem herrlichsten, albernsten Hundespielzeug holte, einen Traum von Büffelhautknochen, Gummiringen, Beißknochen, Hundeschokolade und sogar eine quietschende Gummimaus.

„Das hab ich für Krampus in einem Hundefachgeschäft gekauft. Er wird selig sein."

Binnenbruck schüttelte belustigt den Kopf. „Chefin, Krampus ist kein Kleinkind mehr."

„Du kannst einem jede Freude nehmen", protestierte Dorothea. „Ihr Männer spielt doch auch mit Eisenbahnen. Warum darf sich ein ausgewachsener Hund nicht auch in einen Gummiknochen verlieben oder in eine kleine Maus? Wo ist der Unterschied? Mach doch diesen Dreck alleine!"

Sie warf den Korb wieder auf den Beifahrersitz und kurvte vom Hof. In ihrem brennenden Ehrgeiz, endlich Krampus' Liebe zu gewinnen, entdeckte Dorothea sogar den dritten Gang.

Wahrscheinlich hatte Binnenbruck mit seinem Einwand, Krampus sei kein Kind mehr, recht. Also ging sie in die Garage und suchte dort nach etwas Geeignetem zum Spielen. Sie fand etwas: einen Ersatzreifen der alten Familienkutsche. Feierlich trug sie ihn wie eine Torte zum Haus.

Hinter der Eingangstür bellte Krampus und warf sich immer wieder mit voller Wucht gegen die Tür.

Vorsichtig legte Dorothea den Autoreifen nieder und wollte die Tür aufschließen. Doch erschrocken hielt sie inne. Konnte dieses heftige Geknurre, Gekläffe und Gefauche, das Sich-gegen-die-Tür-Werfen ein liebes Willkommen bedeuten? Sehr vorsichtig öffnete sie die Tür einen winzigen Spalt.

In ihr Ohr drang ein Geräusch, das entsteht, wenn ein sehr großes Hundemaul sich öffnet, die Zähne fletscht und hörbar wütend Luft ausstößt. Schnell verschloß sie die Tür wieder.

„Mein Gott, er läßt mich nicht mal mehr ins Haus."

In diesem Fall blieb nur der Rückzug. Dorothea machte auf dem Absatz kehrt. Der Autoreifen blieb als Zeichen ihrer Niederlage zurück.

Wenige Minuten später klingelte sie an der Wohnungstür ihrer Tochter Hetty.

Doris und Hetty hatten den Wagen herankommen sehen und öffneten die Tür. Bevor sie überhaupt etwas sagen konnte, heulte Dorothea los.

„Er läßt mich nicht mehr ins Haus, obwohl ich ihm einen alten Autoreifen zum Spielen mitgebracht habe und eine Gummimaus und Knochen und überhaupt alles. Doris, bitte, bitte komm mit."

Das war genau das, was Doris hören wollte. Im Nu saß sie auf dem Beifahrersitz. Dorothea kam etwas weniger schwungvoll als sonst hinterher. Als sie an einer Ampel halten mußten, schaute Doris ihre Großmutter besorgt von der Seite an.

„Morgen kann ich mich mit Krampus nicht wieder in der Schule blicken lassen. Er hat den Tisch meiner Biologielehrerin umgeworfen. Das war vielleicht nicht ganz so gut."

„Krampus ist eben kräftig", erwiderte Dorothea kleinlaut und schaltete in den neuentdeckten dritten

Gang, was beim Losfahren an einer Ampel nicht unbedingt die beste Wahl war. Doch für die Würgelaute ihres Autos hatte Dorothea jetzt keinen Sinn.

„Du mußt Krampus eben zeigen, wie sehr du mich liebst, dann läßt er mich auch wieder ins Haus."

Krampus war immer noch zickig. Erst als Doris beruhigend auf ihn einredete, freute er sich mit der ganzen Begeisterung eines glücklichen Hundeherzens. Die Begrüßung war überwältigend. Wie das Wiedersehen nach einer zwanzigjährigen Trennung. Dorothea betrachtete das halb gerührt, halb eifersüchtig.

„So, Doris, jetzt reicht es. Jetzt mußt du Krampus zeigen, wie sehr du mich liebst." Dorothea setzte sich auf einen Sessel in der Wohnhalle. „Am besten, du setzt dich auf meinen Schoß und küßt mich laut und deutlich. Dann merkt Krampus, daß wir ein Herz und eine Seele sind. Hast du mich verstanden?"

Doris fand das lustig. Sie setzte sich also der Großmutter auf den Schoß und fing an, sie stürmisch abzuküssen.

Mit dieser zärtlichen Fröhlichkeit konnte Krampus nun überhaupt nichts anfangen. Vielmehr wirkte er pikiert. Er schaute sich die Knutscherei eine Weile an, dann wandte er sich ab, ging zur geöffneten Kellertür und verschwand im Dunkeln.

„Das war wohl nichts." Dorothea und ihre Enkelin schauten sich erstaunt an. Plötzlich hörte man aus dem Keller ein klagendes, herzzerreißendes Hundeweinen. Doris war furchtbar erschrocken.

„Ach, Omi, jetzt hab ich ihm das Herz gebrochen. Du immer mit deinen Einfällen." Doris rannte zur Kellertür und pfiff durch die Zähne. Doch das Heulen unten wurde noch eindringlicher.

Auf Zehenspitzen ging Doris hinunter. Krampus lag unter Friedrichs Schlagzeug und sah wieder einmal zum Steinerweichen traurig aus.

„Du bist doch kein Kellerhund." Doris umarmte ihn und flüsterte ihm Zärtlichkeiten in die Schlappohren. Das gefiel Krampus. Nachtragend war er nicht. Er schien alles zu verstehen, und schnell war er wieder glücklich.

Was man von Dorothea nicht behaupten konnte.

In seinem Badezimmerlabor stand Frank und mikroskopierte. Aus Thailand hatte er einen Grippevirus frisch hereinbekommen, einen lausigen Banditen, wie er Hetty gegenüber bemerkte, als diese zur Tür hereinspitzte und ihm erzählte, daß Doris schon wieder bei Mutter bliebe, weil die mit Krampus nicht zurechtkäme.

„Sie lädt sich alle möglichen Sachen auf ihr graues Haupt. Und wenn sie bis zum Hals im Schlamassel steckt, müssen wir die Sache wieder in Ordnung bringen."

Aber Frank freute sich lediglich, daß seine Tochter so gut mit dem Hund zurechtkam. Hetty war da ganz anderer Meinung. Sie sah nicht ein, warum ihre Mutter unbedingt mit einem Hund zusammenleben mußte, der nichts von ihr wissen wollte.

Plötzlich stürmte Friedrich in das kleine Labor. „Darf ich mal schnell zu Oma rüberfahren?"

Hetty hatte langsam ernsthafte Bedenken, daß sie am Ende allein in der Wohnung leben würde.

„Nein, du bleibst. Es reicht schon, daß sich Doris ausquartiert hat."

Als Friedrich dann auch noch zugab, daß es nicht der Computer war, der ihn zu seiner Großmutter hinzog, sondern daß es ihm dort einfach besser gefiel, war Hetty mit ihrer Geduld am Ende. Fassungslos blickte sie zwischen Sohn und Ehemann hin und her und brachte zunächst kein Wort über die Lippen.

„Mutter hat irgend etwas, was man sehr stark vermißt", meinte Frank. „Trotzdem bleibst du hier und gewöhnst dich an uns." Natürlich nahm er es seinem Sohn nicht übel, daß er zornig die Labortür hinter sich zuknallte.

Am nächsten Morgen wurde Dorothea schon wieder spät wach. Wiederum war das Wetter wunderschön, und Sonnenstrahlen fielen auf ihr Bett. Die Tür zum Schlafzimmer stand halb offen.

Hätte Dorothea in den letzten Tagen nicht über alle Gebühr ausgeschlafen, der Schlag hätte sie unweigerlich getroffen: Neben ihr auf dem Kopfkissen lag etwas Großes, Dunkles, Rundes. Der Alpdruck löste sich jedoch schnell in einem Erleichterungsseufzer auf – es war der Autoreifen. Verblüfft starrte sie ihn an. Dann fiel ihr Blick auf das Fußende ihres Bettes, wo schwer und behäbig Krampus lag.

Dorothea wagte nicht, sich zu rühren. Doch dann überwältigte Zärtlichkeit sie. Dieser süße Satansbraten Krampus! Vermutlich hatte er überhaupt keine Ahnung von seinem Irrtum. Vermutlich glaubte er, in Doris' Bett zu liegen.

„Ich bin nicht Doris, Krampus, ich bin nur ihre alte dumme Oma", flüsterte sie bescheiden und streckte vorsichtig die Hand nach ihm aus.

Krampus blinzelte. Aber er blieb liegen und ließ sich tatsächlich streicheln.

Aha, dachte Dorothea, mehr und mehr zufrieden. Das ist gar kein Irrtum, das hat mein Herzenshund sich ganz gezielt so ausgedacht. Bereits sehr vergnügt hob sie den Autoreifen von ihren Kissen und rollte ihn quer durch ihr Schlafzimmer durch die geöffnete Tür nach draußen.

Krampus sprang sofort verspielt vom Bett und joggte dem Reifen hinterher. Sekunden später kam er mit dem

schweren Autoreifen im Maul wieder zurück und legte ihn erneut auf Dorotheas Kopfkissen. Bekanntlich sind Bernhardiner kräftige Hunde und Autoreifen überhaupt kein Problem für sie.

Dorothea klatschte begeistert in die Hände. Ihre Seligkeit kannte keine Grenzen mehr. Sie sprang aus dem Bett, heftiger, als es ihrem Alter angemessen war, und ihr Kreislauf spielte ihr einen Streich. Es wurde ihr schwummrig im Kopf, und sie sank in die Kissen zurück. Dann versuchte sie den Sprung noch einmal, nur etwas gesetzter, was auch gelang.

Krampus stand vor ihr, den Autoreifen im Maul, und wedelte, was sein großer, buschiger Schwanz hergab.

Dorothea verschwand im Bad und duschte kalt. Es war ihr völlig egal, was in der Bootswerft vor sich ging. Schon das zweite Mal hatte sie verschlafen. Und das nach fast dreißigjähriger verantwortlicher Berufspraxis.

Nach dem Duschen kleidete sie sich an, passend zu Krampus' „Haarfarbe": weiß-braun und schwarz. Dann ging sie mit ihrem Liebling in die Küche.

Sie hatte immer noch keine Ahnung, was Krampus bewogen hatte, seine Meinung über sie zu ändern und möglicherweise Klein-Doris untreu zu werden. Aber das war ihr im Moment auch egal.

In der Küche deckte sie den Tisch für drei Personen. Für sich, für Doris und natürlich für Krampus. Sie schob einen schweren Stuhl heran in der Hoffnung, Krampus würde dort Platz nehmen. Die Hoffnung trog nicht, Krampus schien ausgesprochen gelehrig und verliebt zu sein. Er hüpfte tatsächlich mit seinen fünfundneunzig Kilo auf den Stuhl und schlabberte sein Frühstück. Dorothea begnügte sich mit einem Knäckebrot.

Natürlich hatte Dorothea ihre Enkelin nicht geweckt. Sie wollte den Triumph voll auskosten.

Kurze Zeit später kam Doris in die Küche gestürmt und platzte sogleich heraus: „Das ist gemein, Oma.

Jetzt muß ich Krampus mit dir teilen. Ich verstehe das nicht. Wieso schmeißt er sich nachts an dich heran, wo er doch tagsüber nichts von dir wissen will? Du hast irgendwas getrickst."

Dorothea lächelte wissend und murmelte nur ein entwaffnend ehrliches „Liebe, mein Kind, geht durch den Magen". Vielleicht hatte Krampus sich ja tatsächlich an die nächtliche Ruhestörung mit Filetspitzen und Jagdwurst und an die robbende Großmutter erinnert und beschlossen, die Liebe zwischen Doris und Dorothea zu teilen.

Dorothea streichelte ihren Krampus. Doris bot sich ein Bild der völligen Harmonie: Krampus mit Müslitropfen in den Lefzen und Dorothea mit von Knäckebrot und Butter übervollem Mund.

„Darf ich denn wenigstens noch mit ihm spazierengehen?" mischte sich Doris in das Oma-Hunde-Frühstücksglück.

„Aber Doris, das ist doch klar."

Und so gingen sie auch schon eine halbe Stunde später durch den Park, der auf dem Weg zur Schule lag.

Doris schleppte schwer an ihrer Schultasche. Das hinderte sie nicht daran, genau wie Dorothea noch eine nicht ganz leichte Leine in der Hand zu halten, um so den gleichen halben Anspruch auf den Lieblingshund deutlich klarzustellen.

Krampus fand das etwas übertrieben, außerdem auch unbequem. Mit zwei Leinen spazierengehen zu müssen war auch angesichts der anderen Hunde im Park irgendwie entwürdigend. Offenbar beschloß Krampus, sich dagegen aufzulehnen, und zerrte mächtig. Von weitem sahen die drei aus wie ein verlorengegangenes Wagenlenkergespann. Als sie auf diese Weise schnell und außer Atem am Ende des Parks ankamen, verabschiedeten sich Großmutter und Enkelin mit einem dicken Kuß.

Auf dem Rückweg hatte Dorothea wie ein Kutscher beide Leinen in der Hand. Sie winkte Doris noch lange nach und war sehr glücklich, daß sie Krampus an ihrer Seite hatte. Der startete zu einem stürmischen Rennen. Die Liebe hatte triumphiert.

Dorothea nahm Krampus mit in ihr Büro. Als Binnenbruck hereinkam, fand er Dorothea bereits tief in die Arbeit versunken am Schreibtisch vor, während Krampus obendrauf lag, hingegossen wie ein riesengroßer Bernstein-Briefbeschwerer.

Binnenbruck war verstört.

„Ein Hund gehört weder ins Bett noch auf den Schreibtisch, hört man so ganz allgemein, Chefin. Sind Sie nicht mehr ganz bei Trost?"

„Das ist nicht irgendein Hund, das ist *mein* Hund", war Dorotheas strenge Antwort. Als Binnenbruck dann auch noch auf die unselige Idee verfiel, nach der Post zu fragen, war Dorothea mit ihrer Geduld am Ende.

„Wie soll ich wissen, ob es Post gibt oder nicht, du Trottel? Du siehst doch, daß Krampus mittendrauf liegt!"

Binnenbruck nickte. Er wußte, jetzt durfte er nicht widersprechen. Aber er hatte noch ein As im Ärmel. „F. H. ist draußen, Chefin."

Die erhoffte Wirkung blieb aus. Ungerührt fragte Dorothea: „Und warum kommt er nicht herein?"

„Vielleicht hat er Angst vor diesem großen Hund."

Dorothea stand auf, zerrte Krampus vom Schreibtisch, wobei Briefe, lose Blätter, Bleistifte, Kugelschreiber, Kontoauszüge, Radiergummi, Heftklammern und was sonst noch auf dem Schreibtisch herumlag, auf den Boden fielen. Herrin und Hund verließen hocherhobenen Hauptes das Büro.

Auf dem Werfthof trafen sie F. H., der fachmännisch

ein Boot betrachtete. Genauer gesagt, hockte er vor einem Boot und hatte seinen Oberkörper merkwürdig verdreht, um den Bootskörper aus der Kopfstandperspektive zu begutachten. Wie jeder Kenner weiß, kann man sich bei Autos, Pferden und Booten nur aus diesem Blickwinkel völlige Klarheit über die Qualität verschaffen.

Natürlich mißverstand Krampus diese Haltung etwas und lief verspielt auf F. H. zu. Rumms, lag der auf dem Hosenboden. Dorothea fand das sehr lustig, F. H. nicht. Trotzdem streichelte er Krampus.

Der stellte seine Vorderfüße auf F. H.'s Brust und schnupperte an ihm. Bestimmt roch F. H. nach Hund, nach fremdem Hund. Bestimmt nach einem weiblichen fremden Hund. Krampus leckte F. H. ab.

Eine Zeitlang ließ Dorothea Krampus gewähren. F. H. guckte empört. Zwischen all dem Geschlabbere bemerkte er, daß er Anwalt sei und daß er diesen Überfall für einen Akt von Körperverletzung halte. Da zog Dorothea Krampus zurück.

„Dorothea-Schatz, ich habe einen Computerlehrgang absolviert und möchte meine unschlagbaren Kenntnisse in Buchführung und Lohnabrechnung in deine Dienste stellen. – Hast du mir zugehört?"

Natürlich hatte Dorothea ihm zugehört. „Du willst dich wieder bei uns einschmeicheln, stimmt's?"

F. H. nickte. Und da es ein glücklicher Tag für Dorothea war, stimmte sie zu.

„Heute abend, kommst du?"

F. H. nickte.

Pünktlich um halb acht klingelte es an der Tür der Villa Dorothea. Sie spielte gerade mit Krampus in der Wohnhalle, und es gelang ihr nur mit Mühe, die Tür zu öffnen. Krampus hatte nämlich eines ihrer Beine ins

Maul genommen und knabberte darauf herum. Schließlich konnte sie sich befreien und die Tür öffnen.

Vor ihr stand F. H. mit sieben Beagles, die er an sieben Leinen hielt und die fröhlich miteinander balgten und bellten.

„Hast du eine neue Freundin, F. H.?“ fragte Dorothea, und Krampus knurrte die nervöse Konkurrenz wütend an.

„Aber Dorothea-Schatz. Dieser langweilige Afghane gehört meiner Vermieterin. Ich bin eine Woche lang jeden Tag mit ihr spazierengegangen, nur, damit du mich mit ihr siehst und eifersüchtig wirst, mein Schatz.“

Dorothea glaubte ihm kein Wort.

„Die Beagles habe ich mir angeschafft“, log F. H. nun wirklich. „Du liebst das Behäbige, ich das Muntere. Außerdem will ich auf meine alten Tage auch nicht allein sein.“

Dorothea sank leicht in die Knie.

„Alles nur Damen“, erklärte F. H. ihr wichtig, und schon stand er in der Wohnhalle. Krampus hatte sich beleidigt in die hinterste Ecke zurückgezogen.

„Das kann doch nicht dein Ernst sein“, stöhnte Dorothea hilflos.

Die Beagles machten sich über Krampus her. Der knurrte und schleppte sich dann beleidigt die Treppe hoch in Dorotheas Schlafzimmer.

„Was soll denn dieser Quatsch, F. H.?“

Endlich erzählte F. H. die Wahrheit, daß er nämlich auf seinem Computerlehrgang eine Dame von Mitte Dreißig getroffen habe, die diese Tiere züchte.

„Mitte Dreißig? Deine Freundinnen werden ja immer jünger“, bemerkte Dorothea spitz.

„Sie zahlt mir zehn Mark die Stunde, wenn ich die Bestien spazierenführe.“

Und nun mußte Dorothea nach langer Zeit mal wieder über ihren F. H. lachen. Diesmal glaubte sie ihm.

Ihr Lachen mußte auch Krampus wieder aufgemuntert haben, denn er kam die Treppe heruntergetrottet. Herrin und Hund waren der Meinung, daß die Klügeren nachzugeben hätten und daß nur Geduld Rosen bringe. Auch wenn man es mit einem Anwalt zu tun hatte, der auf zehn Mark Stundenlohn angewiesen zu sein schien und sieben mittelmäßig attraktive Beagle-Damen spazierenführte. So spielt eben das Leben, und es ist manchmal klüger, sich zu fügen, als sich mit dem eigenen Beleidigtsein zu quälen.

Als F. H. sich gegen Mitternacht verabschiedete, herrschten Frieden und Eintracht. Krampus und Dorothea standen an der Tür und winkten F. H. und den sieben Beagle-Damen sogar zum Abschied.

Dorothea ging mit der Erkenntnis ins Bett, daß sie sich in F. H., als sie ihn ehelichte, nicht geirrt hatte, und daß Krampus zwar auch ein netter Kerl war, den man lieben konnte, aber niemals ein Ersatz für ihren geschiedenen Ehemann. Und wenn Dorothea Vollmer, genannt Teufel, nicht Tyske Düvels und der Berliner Schönheit Blut in ihren Adern gehabt hätte, wer weiß, ob sie nicht schon an diesem Abend schwach geworden wäre.

Eine Rennjolle für England

Die Bootswerft Teufel war ein angesehenes und gesundes Unternehmen. Doch die Konkurrenten in den Küstenstädten Wilhelmshaven, Bremerhaven und Hamburg waren natürlich mindestens ebenso angesehen und bedeutend. Eine Binnenbootsfirma hatte es da auf die Dauer doch schwerer. Es wurmte Dorothea schon sehr, daß bei den Segelwettbewerben der letzten Olympischen Spiele kein Boot aus ihrer Werft an den Start gegangen war. Die Berliner „Gesellschaft" blieb der Firma zwar treu. Aber das waren keine echten Sportsleute, sondern Wannseekapitäne, die meistens gar nicht segelten, sondern herumdümpelten, um teure Getränke und allerfeinste Dosenkost zu genießen.

Doch dann kam ein Auftrag aus England von einem in ganz Europa bekannten Sportsegler, dessen Vater schon vor vielen, vielen Jahren mit einem Teufel-Boot eine wichtige Regatta gewonnen hatte. Dieser berühmte englische Sportsmann war seit Jahren mit englischen Booten erfolglos gewesen. Auch mit holländischen oder Hamburger Booten segelte er ewig hinterher. Und so kam es, daß er an seinen Vater dachte und auf die alteingesessene Bootsbaufirma Teufel kam.

Ein Auftrag, an dem es kaum etwas zu verdienen gab, wie Binnenbruck warnte; aber sollte die Rennjolle erfolgreich sein, würden Dutzende von Siegerkränzen auch auf die Teufels prasseln.

Dorotheas Ehrgeiz war geweckt. Mit zerzaustem Haar saß sie nächtelang halb aufgerichtet in ihrem Bett, verspeiste nur noch Frikadellen aus der Faust und grübelte und grübelte.

Auf der Bettdecke ausgebreitet lagen Bootsbaupläne, in die sich Dorothea Nacht für Nacht vertiefte.

Sie war zwar keine gelernte Bootsbauerin, aber was Rumpfführung, Wasserlinie, Kiel, Gewicht und Besegelung bedeuteten, wußte seit Tyske Düvel jeder in der Familie Teufel.

Das Telefon in Hettys Flur klingelte. Total verschlafen kam Doris aus dem Schlafzimmer und nahm den Hörer ab.

„Guten Morgen, Oma. – Wieviel? – Was? – Fünfundzwanzig? – Wird gemacht." Gähnend legte Doris den Hörer wieder auf und haute mit der Faust gegen die Tür des Elternschlafzimmers. Sie wartete vergeblich auf eine Reaktion. So ging sie weiter in Richtung Küche. Ihre Eltern waren bereits dort.

Beide trugen Bademäntel und darüber Schürzen, standen vor dem Küchenherd und brieten Frikadellen. Aus müden Augen schaute Doris ihre total übernächtigten Eltern an.

„Fünfundzwanzig Stück . . . Oma hat angerufen."

„Hettylein, geh du doch wieder ins Bett", sagte Frank. „Ich brate diese Frikadellen, und du übernimmst dann die Neun-Uhr-Pfanne."

Hetty nickte, küßte ihren Mann auf die Wange und schlurfte aus der Küche. Dabei streichelte sie Doris über das Haar.

„Deine Schicht um neun Uhr kann Friedrich übernehmen."

Doris maulte energisch. „Warum bestellt sich Oma keine Hamburger? Die gibt es rund um die Uhr, und wir haben wenigstens sonntags unsere Ruhe."

Hetty schaute ihre Tochter mit einem Gesichtsausdruck an, als wollte sie sagen: „Doris, red keinen Quatsch, du kennst doch Oma."

Die Erklärung lieferte Frank. „Seit Oma ihren ersten Hamburger probiert hat, behauptet sie, man habe sie vergiften wollen. Außerdem fehlt an Hamburgern Rosmarin, Thymian und sonst noch was."

Hetty: „Um Himmels willen, vergiß Kerbel nicht!"

Frank nickte ergeben. Doris holte eine Platte aus dem Küchenschrank, legte die frischgebratenen Frikadellen darauf und packte das Ganze in Alufolie ein.

Ächzend stieg Dorothea aus dem Bett, öffnete das Fenster und machte Freiübungen. Verwundert lauschte sie dem Schnarchen, das um sie herum ertönte. Vor ihrem Bett lag bäuchlings und vollständig angezogen ihr Werkmeister Binnenbruck. In einem Sessel schlief Bootsschreiner Theo, Konstruktionszeichnungen in den Händen. In einer Ecke des Raumes schlief ein weiterer junger Mitarbeiter. Auf seinem Bauch hatte er einen Teller mit Frikadellen abgestellt. Die Männer waren völlig geschafft.

Ebenfalls auf dem Boden lagen unzählige Segelbootbaupläne herum. Mit Filzschreiber und farbigen Stiften waren Änderungen der Bootslinie eingezeichnet.

Dorothea unterbrach ihre Freiübungen und stutzte. Dann brüllte sie los: „Ich hab's! Aufstehen! Ich hab's! Wir sind alle Volltrottel!"

Ihre schlafenden Mitarbeiter schreckten einer nach dem anderen hoch.

„Wir sind müde", ächzte Binnenbruck.

Dorothea beugte sich zu ihm herab und hielt ihn mit beiden Händen am Kragen fest. „Das Blue-Star-Rennen 1928 in der Kieler Förde, wer hat das gewonnen?"

Aus glasigen Augen schaute Binnenbruck sie an. „Ich glaube, Friedrich Wieland und sein Vorschotmann Hans Andergast."

„Und mit was für einem Boot haben sie gewonnen?"

„Mit einem Teufel-Boot der Baureihe XJ 17", wußte Binnenbruck.

Dorothea war auf hundertachtzig. Ihre Idee mußte wirklich fabelhaft sein. Sie versprach den Männern ein Frühstück.

Theo, der erstklassige Bootsschreiner, ächzte: „Schon wieder Buletten."

Dorothea fauchte ihn an: „Natürlich, Buletten sind das beste. Das geht schnell, macht wenig Dreck, und ich hoffe, daß meine Tochter Hetty den Kerbel nicht vergessen hat." Dann schickte sie Binnenbruck in die Bibliothek, um die kompletten Bootspläne des damaligen Siegerbootes zu holen.

„Mein Vater hatte dieses Boot gebaut. Der Bootsrumpf – einfach Zucker. Und dabei war es 1928 noch Holzbauweise. Wenn wir diesen Kahn in Polyester bauen, ich sag euch, das wird der reinste Wahnsinn." Dorothea war nicht mehr zu halten. Sie zerrte Binnenbruck die Treppe hinunter.

Unten in der Halle lagen zwei weitere Mitarbeiter der Bootswerft und schliefen. Auch sie wurden rücksichtslos geweckt. Es war ja immerhin schon Sonntagmorgen fünf Uhr.

In diesem Moment kam Doris in die Wohnhalle und überreichte ihrer Großmutter stumm und übermüdet die Platte mit den in Silberpapier eingepackten Frikadellen. Erstaunt nahm sie ein Lob von Dorothea entgegen.

„Guten Morgen, mein Kleines, ich kann dir gar nicht sagen, wie dankbar ich euch bin." Damit schob die Großmutter Doris auch schon wieder vor die Tür.

Im parkenden Wagen war Frank am Steuer eingeschlafen. Er trug nur Bademantel und Schlafanzug.

Doris weckte ihren Vater. „Oma ist uns allen sehr dankbar."

„Fein", gähnte Frank.

Erneut flog die Haustür auf, und Dorothea schob Krampus aus dem Haus.

„Nehmt ihn doch bitte mit. Krampus hat soeben einen Packen Bootspläne aufgefressen. Verschwinde, du Sabotcur!"

Rumms, war auch Krampus ausgesperrt und stand ziemlich ratlos herum. Doris zerrte ihn ins Auto.

Frank war seit Tagen nicht zu seiner eigentlichen Arbeit gekommen. Immer noch nicht hatte er das neue Schmerzmittel gefunden, und jetzt mußte er sich mit den ehrgeizigen Bootsplänen seiner Schwiegermutter herumschlagen.

„Zehn deutsche Meisterschaften, zwei Europameisterschaften, und einmal war eines von Omas Booten sogar Drittes bei der Weltmeisterschaft. Warum ist sie nicht zufrieden? Warum dreht sie ausgerechnet jetzt durch?"

Sein Töchterlein fauchte ihn an: „Erstens, weil es ein Boot für die Engländer ist, weil die Deutschen keins mehr bei uns kaufen, und zweitens, weil es außerdem noch ihr 500. Boot ist. Papa, weißt du, was das heißt?"

Matt entgegnete Frank: „Mir bedeutet das im Moment gar nichts. Ich bin nur müde. Aber du bist sicher ganz die Oma."

„Und Friedrich ist genauso wie du, Papa", giftete Doris.

Am Montagmorgen begannen völlig ermattete Mitarbeiter der Bootswerft Teufel die Schlacht um das 500. Boot für den englischen Segelstar.

Nur Dorothea strahlte einen ungebrochenen Optimismus aus. Sie war zu allem entschlossen, trug sogar einen Overall und einen gelben Sturzhelm und stürzte mit ihrer unverbrauchten Fröhlichkeit ihre Mitarbeiter in noch tieferen Kummer.

„Guten Morgen, Männer. Da freut man sich doch am Montagmorgen, daß bald wieder Sonntag ist, was?"

„Nicht so gütig, Chefin“, seufzte Binnenbruck.

„Wir haben so viel rumgeredet, jetzt will ich endlich Taten sehen.“ Dorothea platzte vor Tatendrang. Selbst die fleißigsten und gutwilligsten Männer schleppten sich nur mühsam an ihren Arbeitsplatz. Dorothea wußte gar nicht, wieso.

Aber auch im Hause Hetty war man nicht untätig. Hetty steckte ihren Kopf aus der Küchentür.

„Kann mal jemand Krampus vom Kühlschrank wegschieben? Mich knurrt er an.“

„Mich auch“, betonte Friedrich.

Doris hörte mit ihrer Lorbeerblattpinselei auf dem Transparent auf und ging in die Küche.

Krampus saß vor dem Kühlschrank und starrte dieses für eine Hundenase offensichtlich wundervoll duftende Gerät hingebungsvoll an.

Doris grinste. Dann sagte sie laut: „Krampus, wo ist die Katze?“

Sofort ruckte Krampus' Kopf aufgeregt in Richtung Küchentür. „Katze“ war für Krampus ein Reizwort. Prompt geriet das schwere Hundetier in Wallung und raste los.

Der Küchentisch fiel um, die Küchenstühle schlitterten gegen ein leichtes Regal an der Wand, das mit Tellern voll beladen war. Natürlich krachte es mit großem Getöse herunter.

Und schon war Krampus draußen auf dem Flur, wo das Transparent ausgebreitet war, bemalt mit frischen und vor allem wasserfesten Farben. Gold, Rot und Grün.

Hetty blickte ihre Tochter Doris immer noch erstarrt an. In Doris' Augen war ein schuldbewußtes Glimmen nicht zu übersehen.

Da erschien Friedrich in der Küchentür, einen Ärmel

seines Hemdes mit roter, den anderen – ausgesprochen gelungen – mit goldener und grüner Farbe beschmiert. Das Hemd dazwischen war eine einzige Soße. Überflüssigerweise erklärte er, daß Krampus über das Transparent gelaufen sei.

Hetty atmete ruhig durch die Nase ein und durch den Mund aus. Normalerweise funktionierte das, und sie bekam sich schnell wieder in den Griff. Diesmal funktionierte es nicht.

„Doris, warum fragst du Krampus nach einer dämlichen Katze, die hier gar nicht existiert?"

Der Sachschaden war beträchtlich. Nicht nur in der Küche. In diesem Augenblick hörte man aus dem Wohnzimmer, wie das Klavier umfiel.

Endlich gab Krampus seine Katzenjagd auf und kuschelte sich auf die kostbare Ledercouch. Er legte sich auf den Rücken und wollte, daß Doris ihm den Bauch streichelte.

Das Nase-ein-und-Mund-aus-Geatme hatte immer noch nicht gewirkt. Hettys Stimme war ein bißchen schrill, als sie sagte: „Du läßt Krampus jetzt liegen, wo er ist, und ich rede mit eurer Großmutter."

Eine Stunde später war Hetty wieder zu Hause. Eine Veränderung war mit ihr vorgegangen. Sie trug nun ebenfalls einen Overall und einen gelben Sicherheitssturzhelm.

Doris und Friedrich staunten.

„Wie siehst du denn aus, Mama?" fragte Doris, und: „Wie fühlst du dich?" wollte Friedrich wissen.

„Was? Wieso?" fragte Hetty.

„Vorhin warst du so wütend."

Und nun legte Hetty wieder los. Es sei ihr völlig klar, daß ihrer Familie ein Begriff wie Familienehre fremd sei. Dann stakste sie über den riesigen Farbensee im

Flur in die Küche, die Doris und Friedrich schon einigermaßen wieder in Ordnung gebracht hatten.

Friedrich rief ihr nach: „Was ist Familienehre?"

In der Küchentür wandte Hetty sich um.

„Blutrache."

„Was haben wir mit der Mafia zu tun, Mami?" fragte Friedrich nicht unintelligent.

Da berichtete Hetty über den Grund ihres Gesinnungswandels. Zuallererst sei es das Wichtigste, daß die Bootswerft Teufel das beste und vor allem das schnellste Boot der Firmengeschichte baue. Dafür müßten eben Opfer gebracht werden. Auch in der Küche und am Klavier. Inzwischen sei nämlich etwas viel Schlimmeres passiert. Der Hamburger Uraltkonkurrent Witmer & Witmer habe heimtückisch in Sportlerkreisen das Gerücht streuen lassen, die Teufel-Jollen seien seit Jahren bestenfalls solide Freizeitbötchen.

Das war natürlich eine furchtbare Beleidigung, denn es bedeutete, daß der Familie Teufel, wie es so schön heißt, nicht mehr der Wind der Segler durch die Adern pfiff. In dieser Schlacht wollte Hetty nicht abseits stehen.

„Mami, du kannst doch überhaupt keine Boote bauen." Friedrich dachte nicht nur intelligent, sondern auch logisch.

Darauf käme es gar nicht an, beschied ihn Hetty, und in höchstens drei Stunden sei ein neues Transparent gemalt. Schon war sie wieder draußen.

Doris legte den Arm um Friedrichs Schultern.

„Mami spinnt jetzt auch, und das ist sehr selten."

Hettys Bruder Thomas studierte in Erlangen Medizin. Er erhielt von seiner Schwester einen seltsamen Anruf des Inhalts, daß die Belegschaft der Teufelswerft total übermüdet sei und mit flatternden Nerven am wichtigsten Boot der Firmengeschichte arbeite, daß ein verbrecherisches Hamburger Bootsbauunternehmen Verleumdungen ausstreue und daß es verdammt noch mal Thomas' heilige Pflicht sei, per Eilpost sofort etwas nach Berlin zu schicken, das die Müdigkeit der Mitarbeiter stoppe.

Bruder Thomas seufzte, daß er absolut gegen Drogen sei.

Drogen habe sie auch gar nicht gemeint, sagte Hetty, aber wozu ließe ihn Dorothea Vollmer, genannt Teufel, für viel Geld Medizin studieren, wenn ihm nicht ein geeignetes Fitneßprogramm einfiele. Auch wenn es ein chemisches sei.

„Dünnen heißen Kaffee", schlug Thomas vor.

Der Hörer wurde aufgeknallt.

Am Nachmittag stürmte ein wutentbrannter F. H. auf den Hof der Werft und schwenkte eine Fachzeitschrift für Segler. Die gemeinen Verleumdungen und Intrigen der Firma Witmer & Witmer waren von der Redaktion dieser Zeitschrift bereits in einen bitterbösen Artikel gemeißelt worden. Er gipfelte in der Behauptung, daß die alteingesessene Firma Teufel sich seit Jahren auf den Bau von lahmen Tourenbooten zurückgezogen habe und Neuigkeiten aus dieser soliden Firma nicht mehr zu erwarten seien.

Dorothea wurde weiß wie die gekalkte Wand eines Bootsschuppens. „Du wirst Witmer & Witmer verklagen. Du bist mein Mann, und du bist Anwalt."

„Anwalt bin ich immer noch, dein Mann *war* ich."

„Hör mit diesen Nebensächlichkeiten auf", zeterte Dorothea.

Ganz klar. Im Kopf hatte F. H. schon eine flammende Klageschrift formuliert. Dann nahm er Werkmeister Binnenbruck den gelben Schutzhelm vom Kopf, setzte ihn sich selbst auf und ging zu dem Dock, auf dem von völlig übermüdeten Mitarbeitern das 500. Boot gebaut wurde. Großartig stellte er sich in Positur.

„Wer war 1936 Olympiateilnehmer?“

Ratlose Gesichter. Da deutete F. H. mit großartiger Geste auf sich selbst. Die Mitarbeiter waren wirklich beeindruckt.

Hetty flüsterte ihrer Mutter zu: „Ich wußte gar nicht, daß Vater Olympiateilnehmer war.“

Dorothea zischte zurück: „Er lügt wie gedruckt. Aber es kommt gut an.“

Die Bootsbauer klatschten begeistert Beifall und waren gleich viel wacher. Lässig erbat F. H. eine Zeichnung der Kiellinie. Die Kiellinie eines Bootes sei überhaupt das Wichtigste. Er wollte dringend die Pläne sehen.

„Auch davon hat er keine Ahnung“, klärte Dorothea ihre Tochter auf.

Jeder setzte sich bis zum letzten für die Werft ein. Doris, Friedrich und Frank räumten sogar das Schlafzimmer der Großmutter auf. Frank saugte Staub, Doris sammelte die Aschenbecher und Essensreste zusammen, und Friedrich putzte die Fenster.

„Es wäre besser, wir würden Oma richtig helfen“, sinnierte Friedrich.

„Das tun wir doch“, beruhigte Frank seinen Sohn.

„Nein, *richtig.*“

„Wie denn?“ Frank schaute seinen Sohn fragend an.

„Schiffe versenken“, war die Antwort.

Darauf konnte Frank sich keinen Reim machen. Und das war sehr schlecht, wie sich noch herausstellen sollte.

Auch Thomas war etwas eingefallen, weswegen man ihn nicht sofort von der Universität werfen würde. Er gab den telefonischen Rat, daß noch besser als dünner

Bohnenkaffee die Anschaffung einer italienischen Espressomaschine sei.

Frank kehrte mit dem Besen den Hof. Hetty rührte in der Lackiererei einen speziellen Bootslack an, was traditionell von Hand geschah und Stunden dauerte.

Draußen auf dem Binnensee rauschten schnittige Segeljachten vor dem Wind, und Friedrich, der am Bootssteg stand, sagte zu seiner Schwester: „Die meisten Kähne dort draußen hat Witmer & Witmer gebaut."

Doris bekam einen bitteren Zug um den Mund.

F. H. saß an Dorotheas Schreibtisch und hackte seine vermutlich beste Klageschrift in die Maschine.

Enkel Friedrich betrat das Büro. An diesem Nachmittag erfuhr er, daß einer der Witmer-Brüder vor vielen Jahren bei Oma Teufel das Schiffsbauhandwerk erlernt habe. Daß die vielen prächtigen Boote draußen auf dem See ein bißchen die Handschrift der Firma Teufel trügen.

„Werksspionage? Hat er damals Pläne geklaut?"

„Nein, das nicht, aber er hat viel von der Erfahrung der Teufel-Werke profitiert, die Omas Firma über drei Generationen im Bootsbau gesammelt hatte."

Mit F. H. konnte man Pferde stehlen, deswegen traute sich Friedrich auch, seinen Vorschlag auszusprechen.

„Sollten wir nicht ein paar von diesen blöden Witmer-Booten versenken? Einfach die Ventile öffnen?"

An so was dürfe er nicht mal denken, beschied ihn sein Großvater.

Nur eine schwache Laterne beleuchtete den Bootssteg. Friedrich schlenderte scheinbar gelangweilt durch die Dunkelheit und schaute sich die Boote der Konkurrenz an. Plötzlich sprang er auf ein Boot. Er hantierte irgendwo herum. Dann rannte er so schnell er konnte davon.

Währenddessen saß Dorothea total übermüdet in ihrem Büro. F. H. reichte ihr wohl die fünfzehnte Tasse italienischen Espresso. Sanft meinte er, es sei besser, ins Bett zu gehen und wenigstens einmal ein paar Stunden zu schlafen, als soviel Kaffee zu trinken.

„Quatsch“, donnerte Dorothea. „Tu mir den Gefallen und fahr zum Bahnhof und hol die englischen Flansche ab, die mit dem Nachtexpreß angekommen sein müssen.“

F. H. versprach es. Binnenbruck betrat das Büro.

„Chefin, dreimal dürfen Sie raten, wer mit Ihnen sprechen möchte.“ Dorothea wußte nichts, also schüttelte sie den Kopf.

„Der jüngste Witmer steht draußen, bewundert das Transparent und will natürlich das Boot sehen.“

Blitzartig erhob sich Dorothea.

„Führ diesen Verbrecher sofort herein. Nein, warte, ich komme lieber raus.“

„Schatz, verlier nicht die Beherrschung“, warnte F. H.

„Du holst die englischen Flansche“, donnerte Dorothea. Dann rauschte sie aus dem Büro.

Das Gespräch zwischen dem ehemaligen Lehrling Witmer und Dorothea war nicht unfreundlich. Natürlich stritt er ab, jemals ein Gerücht lanciert zu haben oder gar hinter dem Artikel der Bootszeitung zu stehen. Er hatte aber gehört, daß die Teufels einen recht heißen Kahn auf Kiel hätten, und fragte, ob man die Konstruktion des Modells bereits im Fließkanal der Technischen Hochschule getestet hätte.

„So'n wissenschaftlicher Nonsens macht ein Boot nur teuer, aber nicht schneller. Ich habe es selbst getestet.“

Witmer lächelte verständnisvoll, und das gefiel Dorothea ganz und gar nicht. Witmer war jedoch mit einem Vorschlag gekommen, und der gefiel Dorothea nun erst recht nicht. Ein bißchen hochmütig meinte der junge

Witmer, der auch schon über fünfzig war, daß seine Hamburger Firma fünfzig Prozent des Hamburger Marktes beherrsche und er gekommen sei, um Dorothea ein Kaufangebot zu unterbreiten. Das sei nur fair, denn gerade jetzt befände sich die Teufelsche Bootswerft in einem interessanten Aufschwung.

Dorothea lehnte natürlich ab. Witmer versprach, am nächsten Morgen noch einmal wiederzukommen, und bat Dorothea, alles zu überschlafen und in Ruhe darüber nachzudenken.

Er kam am nächsten Morgen wieder und wurde Zeuge, wie ein Witmer-Boot mitten auf dem Teich ohne ersichtlichen Grund absoff. Später sollte sich herausstellen, daß das Hauptventil entweder geöffnet oder gebrochen war.

Witmer fand das gar nicht gut. Dorothea fand das sehr verdächtig, und F. H. fand das Ganze eine Schweinerei. Er stöberte seinen Enkel im Schlagzeugkeller auf.

Mit allergrößtem Vergnügen trommelte Friedrich auf dem Schlagzeug herum und machte dabei ein sehr zufriedenes Gesicht.

F. H. trat dicht an ihn heran. Als Friedrich seinen Gesichtsausdruck sah, wußte er, was die Stunde geschlagen hatte. Unsicher grinste er seinen Großvater an.

Ohne ein Wort zu sagen, ging F. H. zu einem Regal, in dem sich einige Werkzeuge befanden, unter anderem auch ein Brecheisen zum Aufstemmen von Holzkisten. Brecheisen haben bekanntlich einen widerlich spitzen Haken.

Friedrich hörte verunsichert mit dem Spiel auf.

Nun grinste F. H. Und dann, mit einigen knappen Schlägen, zerschlug er sämtliche Bespannungen und Felle der Baßtrommeln mit dem scharfen Haken des Brecheisens.

Friedrich war sprachlos. Jede Verteidigung war zwecklos.

Bevor F. H. den Keller wieder verließ, richtete er seinem Enkel noch einiges aus. „Dein Vater möchte dich sprechen, deine Großmutter auch. Ich habe meinen Beitrag zu deiner Erziehung bereits geleistet. Tschüs."

Frank verbot Friedrich für mehrere Wochen das Tennisspielen und kassierte die Schläger.

Als Friedrich das Büro seiner Großmutter betrat, erhielt er eine gewaltige Ohrfeige. Die gute alte Oma hatte erstaunlich viel Kraft. Friedrich taumelte durch das halbe Büro.

„Alles klar?"

„Ja", sagte Friedrich.

„Hat Großvater schon mit dir geredet?"

„Hat er."

Und dann wurde ihm aufgetragen, sich bei der Reparatur der versenkten Witmer-Jolle nützlich zu machen. Selbstverständlich hatte Dorothea sie aufs Trockendock legen lassen, gewissermaßen aus Freundlichkeit. Daß die Ursache des Ventilbruchs in der Bootswerft Teufel zu suchen war, darauf gab es keinen Hinweis.

Die Großzügigkeit der Teufel-Werft sprach sich bei den Seglern herum. Alle kannten natürlich den hämischen Artikel. Um so mehr stand Teufels Großmutter als Siegerin da. So hatte Friedrichs verbrecherischer Anschlag doch noch etwas Gutes.

Irgendwann war das berühmte 500. Boot für den berühmten englischen Segler fertig. In der Villa Dorothea gab es für die gesamte Belegschaft ein festliches Abendessen, das mit einer Jubeltorte aus Hettys Küche einen glanzvollen Abschluß fand.

Hetty hatte sich ins Zeug gelegt. Und sie war, trotz aller Anwandlungen, gesundheitsbewußt zu kochen, kulinarisch ein As.

DIPLOM
für
D. Teufel

Auch der junge Witmer war geladen, und alle waren besonders nett zu ihm. F. H. hatte die Klageschrift gegen die Witmers selbstverständlich schon längst zerrissen.

Am Tag darauf kam es zu einem Probesegeln. F. H., der ehemalige Olympiateilnehmer, wurde von der Belegschaft gedrängt, sein Können unter Beweis zu stellen und die Qualität des Bootes zu überprüfen.

Leider hatte F. H. nicht nur vom Segeln nur geringe Ahnung; schlimmer war, daß ihm auf schwankenden Planken immer schlecht wurde. Trotzdem hatte Dorothea ihn geheiratet. Und auch jetzt stand sie ihm bei.

Dorothea war eine ausgezeichnete Seglerin. Mild lächelte sie ihrem Exmann zu, als sie ihm anbot, für ihn die Vorschotfrau zu spielen.

Die beiden Alten gingen an Bord.

Natürlich segelte Dorothea, während sich F. H. am Großmast festklammerte. Dorothea fuhr weit hinaus auf den See, so daß F. H.'s Schwäche nicht bemerkt wurde. So nett konnte Dorothea sein.

Nur, das Boot war ja noch nicht in England. Einige Verbesserungen und Veränderungen mußten noch durchgeführt werden. Das würde sich noch einige Wochen hinziehen.

Unglücklich verliebt

Wieder mal drang aus den eindrucksvollen großen Boxen der gewaltigen Stereoanlage Musik ... die Musik eines Aerobic-Kurses.

Dorothea turnte in einem bemerkenswert altmodischen Trainingsanzug, den F. H. ihr in den fünfziger Jahren gekauft haben mußte, vor dem Bett. Sehr modisch trug sie ein Stirnband um den Kopf. Sie versuchte sich in den angesagten Dehn-, Streck- und Spannkraftübungen und kam alles in allem ganz gut mit.

Auf dem Bett ruhte wohlig und gelangweilt Krampus.

„Krampus, du wirst auch zu fett, du kannst ruhig mitmachen", keuchte Dorothea im Übungstakt. „Dickwanst", schleuderte sie ihm um die Ohren. Aber Krampus kümmerte sich nicht darum, sondern legte sich behaglich auf den Rücken.

Dorothea machte noch weitere fünf Minuten Aerobic. Dann endlich stellte sie die Stereoanlage ab und ging, ein wenig außer Atem, an das weitgeöffnete Fenster und schaute in den freundlichen Morgen. Draußen sah sie folgendes:

In ihrem Vorgarten knickte ihr entzückender Enkel Friedrich herzlos einige Blümchen und ordnete sie liebevoll zu einem Strauß!

Dorothea war auf der Stelle zu Tränen gerührt. Es war ihr völlig egal, daß Friedrich aus gemeuchelten Blumen einen Strauß wand. War sie doch absolut sicher, daß das Blumenbukett ihr galt. Vorsichtig trat sie vom Fenster zurück, damit der liebevolle Enkel sie nicht sehen konnte. Sie ging zum Bett und schubste Krampus von seinem weichen Lager. Schon klingelte es an der Haustür. Fröhlich verließ Dorothea das Schlafzimmer, um zu öffnen.

Gutgelaunt und ausgesprochen behende ging sie die Treppe hinunter. Doch da, auf der letzten Stufe, geschah das Unvorhergesehene:

Der böswillige Schuß einer Hexe traf sie ganz fürchterlich in den unteren Teil ihres Kreuzes: Hexenschuß.

„Au ... ah ... o weh ... oh ..." Dorothea krümmte sich wie vom Schlag getroffen. Krampfhaft vorgebeugt und mit einer sehr stark in ihren Bewegungen gehinderten Wirbelsäule schleppte sie sich zur Haustür und öffnete.

Friedrich stand davor und hielt ihr die soeben geraubten Blumen entgegen. Ein liebenswürdiges, ganz besonders freundliches „Guten Morgen" begleitete diese zärtliche Geste.

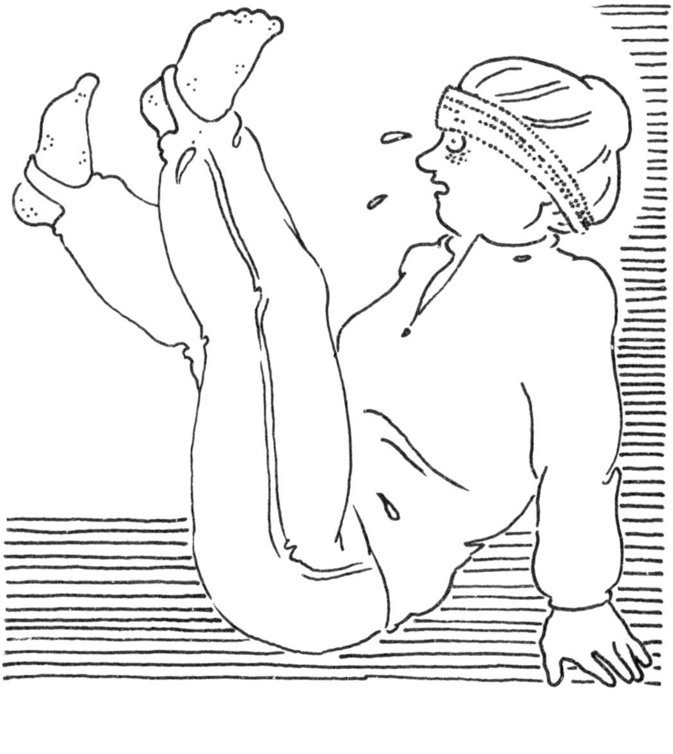

„Guten Morgen, mein Junge“, ächzte Dorothea. „Das ist aber süß, daß du mir Blumen bringst.“

Friedrich schaute etwas verlegen.

„Oma, ich wollte dich eigentlich nur bitten, mir ein großes Stück Papier für die Blumen zu geben. Natürlich nur, wenn du eins hast. Am besten Seidenpapier.“

Dorothea wehrte ab. „Oh ... ah ... aber wieso denn, Schätzchen, du kannst mir die Blumen auch ohne Papier schenken. Stell sie nur gleich dahinten in die Vase. Oh, mein Kreuz.“

Nun war Friedrich sehr verlegen. „Tut mir leid, Oma, die Blumen sind nicht für dich.“

Dorothea schrie entsetzt auf: „Was?“

„Oma, tut dir was weh?“

Dorothea war sehr gekränkt und leugnete zornig ihre Schmerzen.

„Wieso, was soll mir denn weh tun?“

Friedrich zischte an ihr vorbei in Richtung Küche und brüllte: „Na ja, du gehst so krumm. Sag mal, wo ist denn hier Papier, verflixt noch mal?“

Dorothea schaute ihm giftig hinterher.

„Ein herzloses Kind“, brummte sie vor sich hin. Dann rief sie in die Küche: „Deine Großmutter wird wahrscheinlich nie wieder richtig laufen können.“

Schmerzgepeinigt schleppte sie sich vorsichtig, Fuß vor Fuß setzend, zur Küche. Von dort hörte man das aufreizende Knistern von Papier. Dorothea hielt sich am Türstock der Küchentür fest und beobachtete ihren gefühllosen Enkel, wie er die geklauten Blumen äußerst geschickt in Seidenpapier wickelte.

„Seit einer Minute kann ich nicht mehr laufen, mein Kind. Was sagst du dazu?“ stöhnte Dorothea Mitleid heischend.

„Warum nicht, Oma?“ Friedrich war ganz vertieft in seine Arbeit. „Es gibt viele alte Leute, die nicht mehr richtig laufen können. Soll ich einen Arzt anrufen?“

Krampus

Dorothea brummelte ein wütendes „Nein“, schleppte sich in die Küche und setzte sich auf einen Stuhl.

„Ich halte es für den Verfall aller guten Sitten, daß viele junge Menschen gar kein Gefühl mehr für die Beschwernisse meiner Generation haben.“ Dann haute sie heftig mit der Faust auf den Tisch und schaute ihren Enkel streng an.

„Warum klaust du meine Blumen?“

Friedrich blickte ihr liebevoll in die Augen. „Aber du darfst es niemandem erzählen. Ehrenwort?“

Dorothea nickte.

„Du mußt zugeben“, besänftigte er seine Großmutter mit praktischen Gesichtspunkten, „für diesen Strauß müßte ich bestimmt fünfundzwanzig Mark hinblättern.“

„Mindestens“, nickte Dorothea wieder.

Dann fragte Friedrich, ob Mädchen auf Blumen stünden, und Dorothea meinte, daß das zu ihrer Zeit auf jeden Fall so gewesen sei.

„Nicole ist nämlich sehr altmodisch“, rückte er dann mit der Sprache heraus, und seine Augen strahlten.

„Aha, alles klar. Ist das die Flamme, mit der du gehst?“

Friedrich war ganz entsetzt. „Also, Oma, wie redest du denn? Was heißt hier Flamme?“ Dann ließ er sich noch einmal versichern, daß Dorothea auch wirklich niemandem ein Sterbenswörtchen sagen würde. Sie gab ihm ihr Ehrenwort.

Friedrich wurde ganz feierlich, und mit gedämpfter Stimme eröffnete er seiner Großmutter, daß Nicole seine feste Freundin werden würde.

In Anbetracht der Sachlage machte Dorothea ein ebenso festliches Gesicht, fragte aber nach: „Weiß sie schon von ihrem Glück?“

Friedrich senkte den Kopf. „Gut Ding will Weile haben ...“

Dorothea blickte ihren Enkel lange an.

„Schüchtern?“ fragte sie schließlich.

Friedrich protestierte heftig: „Schüchternheit – wo gibt's denn so was? Die Blumen lege ich ihr auf ihren Stammplatz im Tennisklub. Wie findest du das?“

„Tollkühn“, lächelte Dorothea und knuffte ihn an die Schulter.

„Gute Besserung, Oma“, sagte Friedrich beim Hinausgehen. Merkwürdig versonnen verließ er das Haus.

Dorothea schaute ihm verblüfft nach und schüttelte den Kopf. „Na, wenn das nichts zu bedeuten hat bei seiner sonst so großen Klappe!“ Mühsam erhob sie sich und versuchte es mit Lockerungsübungen im Kreuz. Der Erfolg blieb nicht aus – die Schmerzen wurden stärker. Sie humpelte aus der Küche.

Wieder klingelte es an der Haustür. Auch das noch!

Dorothea streckte sich, so gut es ging, und marschierte durch die Halle zur Tür. Wie ein Stock blieb sie stehen und öffnete.

Vor ihr stand Binnenbruck. Zum ersten Mal sah sie ihn mit einem Anzug und mit Hut. Er sah aus wie ein alt gewordener Konfirmand. Auf der Nase trug er eine Sonnenbrille. Links und rechts von sich hatte er zwei riesige Reisekoffer abgestellt. Sein Mund war verkniffen. In einer Hand hielt er aber einen Blumenstrauß.

Dorothea starrte ihn verblüfft an.

„Ich will mich verabschieden, Chefin“, sagte Binnenbruck gepreßt. „Mir reicht's!“ Umständlich holte er den Blumenstrauß aus dem Papier.

„Ich kehre in meine liebe Heimat zurück.“ Dann hielt er die Blumen vor Dorotheas Nase.

Dorothea war sprachlos. Fast.

„Sag mal, spinnst du? Dich will in Holland doch keiner mehr haben. Setz diese dusselige Brille ab und komm rein.“ Am Arm zog sie ihn ins Haus.

„Ich bin inkognito hier.“ Binnenbruck schaute sich um, als würde er verfolgt. Dann packte er seine Koffer und stellte sie ins Haus. Dort setzte er sich ächzend auf den nächsten Stuhl und nahm seine Tarnbrille ab.

Den geklauten Blumenstrauß in der Hand, ging Friedrich vor dem Hause Nicoles auf und ab. Immer wieder starrte er auf ein Fenster und auf die Haustür.

Plötzlich kam Doris mit einigen Freundinnen vorbeigeradelt, so, als ob sie der Teufel vorbeigeschickt hätte. Friedrich erschrak fast zu Tode. Was wollte die denn hier? Er versuchte sich in Deckung zu bringen, aber Doris hatte ihren schmachtenden Bruder schon erspäht und trat auf die Bremse. Quer über die Straße brüllte sie ihm zu: „Nicole ist schon auf dem Tennisplatz!"

Friedrich schaute seine Schwester giftig an. Die anderen Mädchen kicherten. Natürlich sah Friedrich nicht so aus, als stehe er über den Dingen. Verlegen bahnte er sich seinen Weg durch die kichernden Mädchen.

Doris setzte noch einen drauf: „Nicole spielt da mit einem Typen – also Kinder, ich sage euch, der sieht wirklich süß aus."

Friedrich mußte schlucken. Dann versuchte er, seine Schwester ungnädig anzusehen. „Los, leih mir dein Fahrrad!"

Obwohl Doris sich wehrte, riß Friedrich ihr das Rad aus der Hand und fegte, den Blumenstrauß balancierend, etwas wacklig und wenig heldenhaft davon.

Dorothea ordnete Binnenbrucks Blumenstrauß in eine Vase. Sinnigerweise Tulpen aus Amsterdam.

„Und warum willst du nach Holland zurück?" wollte sie wissen. „Willst du etwa deine Familie verlassen? Habt ihr Krach? Oder hast du dich vielleicht auch verliebt?"

Der Werkmeister schmollte. „Meine Frau und mein Sohn kommen nach." Dann, nach einem etwas längeren Schweigen: „Und Sie sind eine alte Petze."

Dorothea starrte ihn entgeistert an.

„Also, bevor ich dir deine Tulpen an den Kopf knalle, erklär mir lieber, was dieser Unsinn soll."

Binnenbruck zögerte und spielte verlegen mit seiner Sonnenbrille. Seinen Hut hatte er immer noch auf.

„Sie sind die einzige in Deutschland, die weiß, was der Name Binnenbruck auf deutsch bedeutet."

Dorothea grinste. Und obwohl sie sich gut erinnerte, fragte sie scheinheilig: „Was denn? Ich hab's wirklich vergessen."

Der Werkmeister holte tief Luft, hielt sie in den Lungen, und kurz bevor er erstickte, prustete er die unselige Übersetzung heraus: „Unterhose!"

Dorothea mußte sich trotz ihrer Schmerzen zusammennehmen, um nicht loszulachen. „Richtig", sagte sie so neutral wie möglich. „Es hatte etwas mit Reizwäsche zu tun."

Binnenbruck war pikiert. „Na bitte, auch jetzt machen Sie noch Witze." Gerade als er loslegte, warum er vor fünfundzwanzig Jahren seine Heimat verlassen hatte, unterbrach ihn Dorothea:

„Weil du bei mir die besseren Boote bauen durftest."

„Wir Holländer haben immer die besten Boote gebaut", trumpfte er zurück.

„Klar", sagte Dorothea, „aber nur, wenn du in Holland geblieben wärst. – Ein Geneverchen?"

„Kein Süßholz, Chefin. Sie kriegen mich nicht mehr rum. Jeder in der Firma weiß, was mein Name bedeutet. Es ist grauenhaft, entwürdigend ist es." Gequält schaute er sie an.

„Was ist an einer Unterhose entwürdigend? Kannst du mir das vielleicht mal sagen?"

Jetzt fühlte sich Binnenbruck wirklich auf den Arm genommen. Außerdem konnte er nicht verstehen, wie sie das ausplaudern konnte.

„Ich habe Sie immer für seriös gehalten." Binnenbruck war ganz geknickt, während Dorothea sich langsam empörte.

„Mein Gott, Binnenbruck, ich habe das niemandem gesagt!"

Nervös stand dieser von seinem Stuhl auf.

„Und warum hat mich der Lehrling heute ‚Mijnheer Schlüpfer' genannt? Können Sie mir das sagen?"

„Hat er?" Dorothea war sichtlich erstaunt. „Den Jungen knöpfe ich mir vor! Wer war das?"

Nach langem Zögern, weil er nicht sicher war, ob es nicht auch ein Verrat war, gestand Binnenbruck den Namen des Lehrlings: „Der Junge heißt ‚Schweinebacke'." Doch damit konnte Dorothea wenig anfangen.

„Na ja, in Wirklichkeit heißt er Dietrich Sauwang", erläuterte Binnenbruck. „Aber wir nennen ihn alle ‚Schweinebacke'."

Da verstand Dorothea alles, und sie hatte sehr viel Mitgefühl für den Lehrling.

„Unser Lehrling hat vollkommen recht, und du kannst meinetwegen nach Holland gehen." Sie humpelte zur Küchentür zurück. Dann wandte sie sich noch einmal um.

„Bitte, Herr Schlüpfer, wo war Dietrich im Urlaub? Na? In Holland. Da hat man ihm die Bedeutung deines Namens gesagt. Und dir sag ich noch eins: Wenn die Lehrlinge bei uns so behandelt werden, wie du es und die anderen getan habt, dann will ich dich und überhaupt niemand mehr wiedersehen. So, das wär's." Damit knallte sie die Tür ins Schloß.

Binnenbruck blieb einsam in der Küche zurück. Er war sehr nachdenklich geworden. Dann riß er die Tulpen aus der Vase und warf sie aus dem Fenster.

Dorothea war nach ihrem theatralischen Abgang vor der Küchentür stehengeblieben. Leise öffnete sie die Tür, denn es war plötzlich sehr ruhig geworden. Sie sah ihren Werkmeister vor dem Kühlschrank knien. Sämtliche Schnapsflaschen hatte er herausgeholt und prüfte sie eingehend.

„Prost“, erschreckte ihn Dorothea.

Binnenbruck sprang auf. „Ich entschuldige mich nicht!“ Dann nahm er einen kräftigen Schluck aus der Wodkaflasche.

„Wo sind meine Tulpen?“ Dorothea hatte die leere Vase entdeckt.

Binnenbruck deutete mit der Flasche in Richtung Fenster. „Draußen, wo sonst?“

„Blödmann. Jetzt sind sie kaputt. Friedrich hätte sie gut brauchen können.“ Dorothea nahm ein Glas aus dem Schrank und hielt es Binnenbruck hin. Er schenkte ihr einen Schluck Wodka ein.

„Gut, ich ziehe meine Kündigung zurück.“

Dorothea leerte das Glas und stellte es mit profihafter Lautstärke auf den Tisch.

„Und ich stelle dich auf Probe wieder ein.“

Friedrich war beim Tennisplatz angekommen und sah Nicole mit einem fabelhaft aussehenden Jungen Tennis spielen. Er verbarg den Blumenstrauß hinter seinem Rücken und verfolgte den Ballwechsel zwischen Nicole und ihrem Schönling.

Nicole sah bezaubernd aus und spielte erbärmlich schlecht. Ein Ball ging ihr so daneben, daß er in hohem Bogen über den Zaun flog.

Friedrich hob ihn auf, sehr bedacht darauf, daß der Blumenstrauß hinter seinem Rücken nicht sichtbar wurde, und warf ihn zurück. Dann ging er in Deckung und verschwand. Er schlich zu der Bank, wo Nicole immer ihre Sporttasche hinlegte. Auch heute lag sie an ihrem Platz. Er zupfte am Papier und rupfte jede Bume noch einmal zurecht. Dann steckte er den Strauß hingebungsvoll in die halbgeöffnete Tasche.

Auf der Werft war alles wieder in Ordnung. Schwungvoll fuhr Dorothea in den Hof, doch nur halb so schwungvoll öffnete sie die Autotür. Dann hörte man eine klägliche Stimme um Hilfe rufen.

„Aber Chefin!“ Binnenbruck eilte auf das Auto zu.

„Na, zieh schon, ich komme hier sonst nicht mehr raus.“ Sie streckte ihm auch ihre zweite Hand hin. Vorsichtig half Binnenbruck ihr aus dem Wagen.

„Oh ... oh ... oh ...“

Der Werkmeister schaute sie ganz sorgenvoll an. „Um Gottes willen, Chefin, was ist denn?“

Endlich stand Dorothea neben ihrem Auto.

„Dieser Aerobic-Kram und dieses ganze neumodische Gymnastikgetue bringt mich noch um. Das ist es.“

Gestützt von Binnenbruck erreichte sie ihren bequemen Bürosessel und ließ sich mit einiger Anstrengung hineingleiten. Binnenbruck nahm vor dem Schreibtisch Platz.

„Hat dein Rainer auch eine feste Freundin, mit Blumen und so?“ fragte Dorothea unvermutet.

Der Meister lachte auf. Dorothea stierte nachdenklich vor sich hin.

„So, so, na ja, dann ist mein Friedrich entweder außergewöhnlich romantisch oder außergewöhnlich dämlich.“

Binnenbruck schüttelte den Kopf.

„Na, na, Chefin, er schlägt eben ganz nach F. H. ... Oh, Entschuldigung!“

Dorothea winkte ab. „Laß nur. Aber der hat die Blumen wenigstens immer gekauft und nicht geklaut.“ Dann hing sie kurze Zeit ihren Gedanken nach.

„Mich würde diese Nicole interessieren. Was muß das für ein Mädchen sein, das unserer Familiengroßschnauze die Sprache verschlägt?“

In Hettys Speisezimmer saß die ganze Familie beim Abendbrot. Da klingelte es. Doris sprang auf, um zu öffnen.

„Also, ohne telefonische Anmeldung mag ich überhaupt keinen Besuch." Hetty legte ihre Serviette neben den Teller und runzelte die Stirn.

„Wer kann das denn sein?"

Sie lauschten.

Friedrich errötete leicht. „Vielleicht für mich."

Seine Mutter schaute ihn verständnislos an. „Wieso denn für dich?"

Friedrich senkte den Blick. „Ach, nur so." Er nahm seine Gabel in die Hand und spießte ein Stückchen Gurke auf.

Doris stürmte ins Eßzimmer zurück. „Es ist Omi."

Da kam Dorothea auch schon hereingehumpelt.

„Mein Gott, Mutter, was ist denn mit dir los?"

„Hexenschuß, Kinder. Ein ganz normaler mittelalterlicher Hexenschuß."

Hetty bot Dorothea einen Stuhl an, und auf allen Gesichtern stand unübersehbar die Neugierde.

„Ich kam rein zufällig vorbei", erzählte Dorothea und übersah die wenig überzeugten Mienen. Dann lenkte sie erst mal vom Thema ab.

„Na, Frank, was haben die Titanen der Pharmazie gegen den Hexenschuß erfunden?"

Frank legte sofort das Buch beiseite und war Feuer und Flamme.

„Na, was schon", brillierte er. „Salben, die nichts taugen. Pflästerchen, Angora-Unterwäsche. Am besten hilft immer noch Infrarotlicht."

Dorothea gab sich ganz enttäuscht. „Es gibt also keine Pillen, die man schluckt, und die Hexe zischt ab durch den Schornstein?"

Frank grinste seine Schwiegermutter an.

„Doch, Pillen gibt es reichlich. Aber der Schuß, der

bleibt. Ich denke, du mußt da durch." Dann stand er auf und schaute Dorothea prüfend an.

„Bist du sicher, daß es ein Hexenschuß ist? Warst du schon beim Arzt?"

Aber Dorothea erklärte, daß der Schuß vom Turnen käme und nur halb so schlimm sei.

„Ladet ihr mich zum Essen ein?"

„Was für eine Frage, Mutter."

Friedrich versuchte es mit einer Warnung.

„Es gibt Quark, Weizenkleie, Birnenkompott und Gurken, Oma. Achtung."

Dorothea setzte sich auf ihrem Stuhl zurecht, beherzt und mühsam. „Das klingt sehr gesund." Ihre Augen leuchteten.

Doris fragte nach Krampus.

„Der hütet das Haus, das faule Stück." Dann nahm sie einen Löffel von dem herrlichen Weizenkleiequark und schluckte schwer.

„Was Krampus in Schwung bringen würde, wäre eine Freundin." Unschuldig führte sie einen zweiten, verdächtig angehäuften Löffel zum Mund.

Friedrich blickte seine Großmutter durchdringend und über alle Maßen empört an. Er ahnte schon, worauf die Sache hinauslief.

„Was starrst du mich denn an, Friedrich?" Dorothea häufte ihren dritten Löffel mit köstlichem Weizenkleiequark an.

Doris platzte vorlaut heraus: „Friedrich ist verliebt." Sie sprang auf und tanzte um den Tisch. „Verliebt ... verliebt ... verliebt."

Friedrichs Miene nahm die wächserne Unnahbarkeit einer ägyptischen Mumie aus dem vierten Jahrtausend vor Christus an.

Dorothea tat, als hätte sie keinen Schimmer.

„So, verliebt?" Sie schluckte die dritte Quarkportion, ohne mit der Wimper zu zucken. „Wirklich, Friedrich?"

Hetty, bar jeden Gefühls für dramatische Spannung, erklärte ganz aufgeräumt: „Ja, in ein Mädchen aus dem Tennisklub."

„So?" murmelte Dorothea.

Sogar Frank wußte etwas zu sagen. „Segeln tut sie auch."

„Ist das wahr?"

„Und sie fährt ein rotes Fahrrad, Modell Holländer", wußte Doris mit glänzenden Augen beizutragen.

„Donnerwetter!"

Es war noch nicht genug, daß die gesamte Familie seit geschlagenen drei Minuten in einem Fettnapf stand. Nein, es fehlte nur noch die Krone. Alle drei, Hetty, Doris und Frank, quietschten vor Vergnügen wie aus einem Munde: „Sie heißt Nicole. Es ist sein größtes Geheimnis."

Friedrich stand abrupt vom Tisch auf. Der Löffel, den er die ganze Zeit über wie das heilige Schwert eisern in der Faust gehalten hatte, fiel klirrend zu Boden. Friedrich blickte wild um sich und stürzte zur Tür.

„Ich habe es satt. Ich ziehe mich zurück, wenn es genehm ist!" Die umständliche sprachliche Wendung verriet höchste Alarmstufe.

„Ich hätte aber noch ein paar Fragen", wollte Dorothea ihn zurückhalten. Doch Friedrich verließ wütend das Zimmer und knallte die Tür hinter sich zu, daß die Fensterscheiben leise klirrten.

In solchen Wunden durfte man nicht mehr rühren.

„Verliebte soll man in Ruhe lassen. Eine alte deutsche Bauernregel", meldete sich Doris spöttisch als erste wieder zu Wort. Auch Frank wußte es jetzt besser und war dagegen, seinen Sohn zu hänseln.

„Eine schwierige Phase ist das, die er jetzt durchmacht. Dagegen ist auch heute noch kein Kraut gewachsen."

Auch Väter können sehr altklug sein.

Dorothea wollte nun alles ganz genau wissen. Wer diese Nicole sei und so weiter. Da wußte Doris Bescheid.

„So eine aus der Annette-von-Droste-Hülshoff-Schule. Ganz normal, nichts Besonderes.“ Sie seufzte schwer. „Aber wo die Liebe hinfällt. Ich persönlich finde ja die Brigitte, die immer hinter Friedrich her ist, viel besser.“

Hetty horchte auf. „Brigitte? Wer ist denn das?“

„Die ist in meiner Klasse“, gab Doris weiterhin bereitwillig Auskunft.

Dorothea verstand die Welt nicht mehr.

„In deiner Klasse? Aber dann ist sie doch noch sehr jung.“

„Na ja, sie ist schon zweimal sitzengeblieben.“

Das war kein gutes Argument für Brigitte. Dorothea war alles andere als begeistert.

„Dann ist sie auch nichts für Friedrich.“

Damit war Brigitte ausgeschieden.

Frank machte der Plauderei um Friedrichs Herzenszustand ein Ende.

„Mischt euch bitte nicht ein, das gehört sich nicht. Stellt euch vor, Friedrich steht hinter der Tür und hört unser Gespräch mit. Also bitte, bleibt fair.“

Da flog auch schon die Tür zum Speisezimmer auf, und Friedrich platzte in seiner ganzen Größe und in seinem ganzen Zorn herein.

„Ich bin noch nie in meinem ganzen Leben so beleidigt worden.“ Diesen Satz kannte er von F. H. und fand ihn besonders eindrucksvoll. Dann knallte er erneut die Tür donnernd zu.

Dorothea sah ein, daß hier nichts mehr zu machen war. Sie flüsterte Doris zu, ob sie wisse, wo Nicole wohne. Doris nickte und begleitete Dorothea hinaus.

Wieder strich Friedrich mit einem Blumenstrauß vor Nicoles Haus herum. Verstohlen trottete er zur Haustür und hängte den Strauß an die Klinke.

Dorothea hatte ihren Enkel die ganze Zeit über verfolgt. Sie parkte unauffällig auf der gegenüberliegenden Straßenseite mit einem Firmenwagen und beobachtete ihn mit nahezu dramatischer Neugierde.

Da Friedrich sich allerdings unbeobachtet fühlte, gab er sich ganz seinen Gefühlen hin. Gedankenvoll und liebeskrank starrte er hoch zum vermeintlichen Fenster Nicoles. Irgendwo da oben mußte sie wohnen. Er überlegte, ob er klingeln sollte oder nicht. Nach langem inneren Hin und Her wagte er es, rannte aber sofort davon, genau in die Richtung, aus der Nicole plötzlich auftauchte. Sie war also gar nicht zu Hause gewesen.

Friedrich machte sofort kehrt und floh in die andere Richtung. Anscheinend hatte Nicole ihn nicht bemerkt, oder sie tat wenigstens so.

Dorothea schüttelte den Kopf über so viel Feigheit. Dann wollte sie Nicole genauer in Augenschein nehmen. Doch das Mädchen ging gerade zur Haustür und drehte Dorothea den Rücken zu.

Aus sicherer Deckung heraus beobachtete auch Friedrich seine Traumfrau. Dorothea sprach ihm, immer noch unentdeckt in ihrem Auto, Mut zu.

„Nun aber ran, Friedrich, du bist doch F. H.'s Enkel."

Tatsächlich wollte Friedrich gerade zum Angriff übergehen, da scheiterte sein heroischer Anfall an einem älteren Herrn, der mühsam an zwei Stöcken aus dem Haus herauskam, um die Straße zu überqueren. Nicole wollte ihm gerade helfen, da sauste Friedrich herbei und war schneller als sein Traum. Er geleitete den Mann über die Straße, drehte sich um und schaute sehnsuchtsvoll zu Nicole. Doch die war schon im Haus verschwunden.

Dorothea war von Friedrichs galanter und liebenswürdiger Hilfsbereitschaft ganz gerührt.

Mein Gott, meine Erziehung!

Friedrich war hinausgefahren an den See, weil er wußte, daß Nicole dort segeln wollte. Mit einem Feldstecher stand er an einem strategisch günstigen Punkt des Bootssteges und beobachtete die kleine Jolle, auf der Rüdiger, der Tennisschönling, und Nicole gemeinsam segelten. Nicole versuchte sich immer wieder in die Arme des schönen Rüdiger zu schmiegen. Aber der war zu sehr mit Wind, Wetter, Ruder und Segel beschäftigt.

Friedrich atmete tief durch und war sehr enttäuscht. Langsam trat er den Rückzug an und trottete vom Bootssteg. Traurig ging er an dem Pfosten vorbei, an dem er vor einer halben Stunde einen neuen riesigen Blumenstrauß festgebunden hatte. Darin steckte ein Kärtchen, auf das er mit Hingabe geschrieben hatte: *Für Nicole.*

Eine Stunde später legten Rüdiger und Nicole am Bootssteg an. Sie takelten die Jolle ab und gingen zum Klubhaus hinüber. Als sie an dem Pfosten vorbeikamen, entdeckte Nicole den unübersehbaren Blumenstrauß.

„Ach, bestimmt wieder von diesem blöden Typen." Hartherzig riß sie den Strauß vom Pfosten, betrachtete ihn gefühllos und feuerte ihn ins Wasser. Mit einem unbeschreiblichen Augenaufschlag wandte sie sich ihrem Rüdiger zu.

„Was der nur immer von mir will? Das ist jetzt schon der vierte Blumenstrauß."

Rüdiger schaute sie skeptisch an. „Du hast sie aber genau gezählt."

Nicole winkte ab. „Ach, der!"

Mit Dorotheas Vorgarten war eine Veränderung vor

sich gegangen, die eine Gärtnerseele schwerlich mit Gleichmut hinnehmen konnte: Alle Blumenbeete waren kahl. Irgendeine räuberische Hand hatte sie bis auf eine einzige einsame Hyazinthe abgeerntet. Vielleicht hatte diese nur ihr etwas zu starker Duft geschützt.

Dorothea stieg aus dem Auto, und es traf sie fast der Schlag.

„Das geht doch hier mit dem Teufel zu“, entrang es sich ihrem tiefgetroffenen Gärtnerherzen. Sie wollte wütend aus dem Auto springen, da traf sie ein weiterer Hexenschuß. Wahrscheinlich war es dieselbe Hexe wie gestern.

F. H. stand vor Dorotheas Haus. Er öffnete ihr die Wagentür. „Darf ich dir helfen, Dorothea?“

Dorothea antwortete nicht, sondern reichte ihm nur mürrisch den Arm. Endlich stand sie wieder sicher auf den Beinen.

„Du solltest es mal mit Infrarotlicht probieren ... oder Moorbäder nehmen. Wie ich das so sehe, ist es ein Hexenschuß.“

Er blinzelte sie schelmisch an, doch Dorothea knurrte zurück: „Ja, wenn es dir recht ist. Es ist nicht irgendeiner, es ist *mein* Hexenschuß. Und diesen Unsinn hat Frank mir auch schon geraten.“

Aber F. H. ließ nicht locker.

„Meine Liebe, es ist mir überhaupt nicht recht. Es tut mir sogar leid, daß du so leidest ... Übrigens, was für Rowdys haben denn deine Blumen gemeuchelt?“

Diese Frage erschien Dorothea leicht provozierend.

„Unser Enkelsohn Friedrich“, fauchte sie zwar leise, aber mit diesem gewissen Grad an Hochspannung, der bei Dorothea gefährlich war.

„Und warum beraubt dich der Kleine?“

Dorothea blickte F. H. empört an und dann ihr niedergewalztes Beet. Ihr Blick fiel auf die einzige übriggebliebene Hyazinthe.

„Immerhin hat er mir eine gelassen."

Genau in diesem Augenblick knickte das Blümchen, von einem sanften Wind bewegt, in sich zusammen.

„Die Natur ist grausam." Dorothea war gebrochen.

„Darf ich dich ins Haus führen?" F. H. war wirklich liebevoll besorgt. Dorothea ließ es geschehen.

„Ja, das mußt du sogar. Ich glaube, ich werde alt."

Doch bei F. H. brach der Schalk schon wieder durch.

„Du wirst alt? Das wäre ja himmlisch, mein Schatz. Dann könnten wir endlich mal zusammen zu einer Kur fahren."

Dorothea schloß die Haustür auf und erstickte fast unter Krampus' hemmungslosem Begrüßungssturm. Aber sie hielt sich wacker. Trotz ihres lädierten Kreuzes streichelte und liebkoste sie ihn nahezu ebenso begeistert. Dann wandte sie sich F. H. zu, der in rührender Weise sogar eine Infrarotlampe aus dem Kofferraum geholt hatte. Flugs war der Strahler ausgepackt. F. H. steckte den Stecker in die Steckdose.

„Das Licht mußt du genau dorthin strahlen lassen, wo es dir weh tut."

Dorothea warf ihm einen kurzen spöttischen Blick zu. Dann bat sie ihn, Platz zu nehmen. Sie erklärte ihm alles sachlich.

„Es war ein Sportunfall. Die Kur hat noch Zeit. Der Kalk rieselt noch nicht." Sie setzte sich ihm gegenüber.

F. H. legte beide Hände auf seine Knie und strahlte seine Ehemalige an. Und diese lächelte zurück. Einen Augenblick lang waren sie sich wieder sehr zugetan, und beide wußten, daß die rüden Worte lediglich herrische, dumme Bösartigkeiten an der Oberfläche waren.

„Stell dir vor", brach Dorothea das zärtliche Schweigen, „Friedrich ist verliebt. Was meine Blumen betrifft, kennt er keine Hemmungen, wie du siehst ... Aber ansonsten kommt er nicht zu Potte, wie man so schön sagt."

F. H. war natürlich schon informiert.

„Ach, du meinst Nicole, die Seglerin und Tennisspielerin."

Dorothea machte große Augen. „Wie, weißt du das auch schon?"

F. H. erzählte ihr, daß er Nicole bis jetzt nur aus der Ferne gesehen habe. Doch Dorotheas Neugierde sprühte Funken.

F. H. war gar nicht begeistert. Als Gentleman gab er ihr den Rat, sich da lieber rauszuhalten. Aber er wußte, es war vergeblich.

„Ich will wissen, warum sich unser Friedrich zum Trottel macht. Wenn er doch nur etwas von deiner Routine geerbt hätte. Herz allein reicht in solchen Fällen nicht."

Bescheiden tröstete F. H. seine Dorothea: „Das kommt schon mit den Jahren. Vor allem mit den etwas reiferen."

Dorothea parkte vor dem Tennisklub und lauerte in ihrem Porsche. Durch die Windschutzscheibe beobachtete sie den Hauptausgang. Plötzlich tauchte Friedrich auf. Mit hängendem Kopf radelte er auf die Straße und strampelte mißmutig davon. Dorothea schüttelte den Kopf.

Nach einer Weile kam auch Doris frohgemut dahergeradelt. Sie war ausgesprochen guter Laune und in Begleitung eines sehr hübschen Mädchens. Beide traten in die Pedale, was das Zeug hielt. Doris rief ihrer Begleiterin zu: „Komm, Brigitte, hinterher." Die Mädchen verfolgten Friedrich.

Dorothea war ausgesprochen überrascht von der Hartnäckigkeit der beiden. Außerdem machte sie sich wieder mal Gedanken über die Jugend.

Endlich kamen auch Nicole und Rüdiger. Beide schoben ihre Stahlrösser. Nicole blieb stehen und redete auf Rüdiger ein. Aber der schüttelte immer wieder heftig den Kopf und verabschiedete sich kühl, indem er nur dezent Nicoles Wange streichelte. Dann schwang er sich auf sein Rad und fuhr, direkt an Dorotheas Porsche vorbei, die Straße hinunter. Nicole blieb niedergeschlagen zurück. Unschlüssig stand sie da.

Das war der Augenblick für Dorothea, zuzuschlagen. Mit schmerzverzerrtem Gesicht quälte sie sich aus dem Auto. Nicole hatte ihr den Rücken zugewandt. Dorothea zog sogar einen Gehstock vom Hintersitz des Wagens, stützte sich schwer auf ihn und zauberte den Gesichtsausdruck einer vom Leben geknechteten Neunzigjährigen in ihr Antlitz. Mit zittriger Stimme flehte sie in Richtung Nicole: „Ach, könnten Sie mir bitte über die Straße helfen?"

Nicole drehte sich um und zerfloß sofort vor Mitleid. „Selbstverständlich." Sie bockte ihr Fahrrad auf und führte Dorothea ganz sanft über die Straße, sehr umsichtig nach beiden Seiten blickend, obwohl weit und breit kein Auto zu sehen war.

Dorothea übertraf sich selbst. Ihre schauspielerische Leistung war atemberaubend. Jammervoll schleppte sie sich mit kleinen Schritten über die Fahrbahn. Dann lud sie Nicole mit brüchiger Stimme zu einer Tasse Tee ein. Nicole fand das wahnsinnig nett, aber nicht nötig.

„Aber das war doch okay; ich bitte Sie."

Dann war die Show vorbei. Dorothea wurde energisch.

„Ich bringe Sie auch wieder zurück. Dort drüben steht mein Wagen." Ihre Stimme zitterte kaum noch.

Verblüfft blickte Nicole in Richtung des ausgestreckten Zeigefingers der zusehends rüstiger werdenden Greisin.

„Das da ist Ihr Wagen?" schrie Nicole nahezu auf, als sie den frechen roten Porsche sah.

„Natürlich, mein Kind, was hast du denn gedacht,

wie ich überhaupt hierhergekommen bin mit meinem Gebrechen."

Nicole verstand gar nichts mehr.

„Ja, aber wieso habe ich Sie dann über die Straße gebracht?"

Dorothea klemmte sich den Stock unter die Achsel.

„Ich bin manchmal ein bißchen schusselig." Und dann überquerte sie mit energischen Schritten die Fahrbahn zurück zum Wagen. Nicole folgte ihr völlig verunsichert.

„Wohin?" wollte Dorothea wissen und öffnete Nicole die Tür.

„Zu Mic Mac, das ist ein guter Laden."

Dorothea fand das in Ordnung. Auch sie stieg ein und jagte wie üblich im zweiten Gang davon. Erst Minuten später wurde ihr klar, daß das diesmal alles ohne Schmerzen abging.

Pläne muß man haben, dachte sie vergnügt. Das hält jung.

Niedergeschlagen saß Friedrich zwischen seiner Schwester und Brigitte in der Eisdiele Mic Mac. Die Tür wurde geöffnet, und Dorothea führte Nicole herein.

Doris sah ihre Großmutter zuerst. Einer Ohnmacht nahe, stieß sie Friedrich an, und der fiel auch glatt vom Stuhl. Brigitte staunte nur.

Da sprang Friedrich auf, lief quer durch das Eiscafé und pflanzte sich mit verschränkten Armen vor seiner Großmutter auf. „Das ist der Gipfel." Und dann mit einem kurzen vernichtenden Blick auf Nicole: „Was machst du eigentlich hier?"

Dorothea legte die Hände auf Nicoles Schultern und sagte gelassen: „Eis essen."

Nicole fügte mit sanfter Stimme hinzu: „Willst du dich nicht zu uns setzen?"

Friedrich schnappte nach Luft. Das ging über seine männliche Würde.

„Ich? Wieso denn? Bin ich Rüdiger? Bestimmt nicht. Außerdem bin ich nicht alleine hier."

Nicole war nun doch gekränkt.

„Ja, das sehe ich. Dann wird es wohl schwierig. Dann gehe ich wohl besser."

Brigitte hatte sich nur kurz von ihrem Ecktisch erhoben und deutete damit unübersehbar Besitzansprüche an.

Nicole schaute Dorothea traurig an.

„Auf Wiedersehen. Vielleicht ein andermal. Ich muß zurück." Und ohne, daß jemand sie aufhalten konnte, war sie auch schon verschwunden.

Am nächsten Tag gingen Dorothea und Hetty spazieren. Dorothea sah etwas geknickt aus.

„Hat Friedrich dir meine Dummheit von gestern erzählt?"

Hetty schüttelte den Kopf. „Nein, hat er nicht. Ich weiß es aber von Doris."

Dorothea zeigte sich selbst einen Vogel.

„Ich werde alt, Hettylein. Wenn man sich um Dinge kümmert, die einen überhaupt nichts mehr angehen, dann wird man alt." Dorothea war von dem, was sie sagte, völlig überzeugt. Zu allem Überfluß hatte sie sich passend zu ihrer Stimmung auch noch einen grauenhaften Hut aufgesetzt.

Als sie eine Parkbank erreichten, setzten sich beide.

„Wenn Friedrich unglücklich verliebt ist, muß ich mich einfach raushalten. Schließlich ist er schon fünfzehn."

Hetty streichelte die Hand ihrer Mutter.

„Ein Höllenspiel, die Liebe. Der eine liebt den anderen, aber der andere liebt den einen nicht."

Beide waren sehr nachdenklich.

„Dabei ist Friedrich der Platzhirsch in seiner Klasse", lächelte Hetty vor sich hin.

„Was soll denn das heißen?" fragte Dorothea entrüstet. „Platzhirsch!"

„Na ja, der Schwarm aller Mädchen. Aber nein, er liebt Nicole, und die ist nur vernarrt in diesen Schönling Rüdiger."

Erneut schwiegen beide ein Weilchen, bis Dorothea in ihrer fröhlichen alten Art auflachte.

„Ich war nur einmal in meinem Leben unglücklich verliebt. Und den Mann habe ich geheiratet."

„Liebst du ihn denn nicht mehr?" Hetty zwinkerte ihrer Mutter zu. Dann zeigte sie auf Dorotheas Hut.

„Du hast eine furchtbare Bombe auf. Um so was Häßliches zu kaufen, muß man doch lange suchen, was?"

Wortlos zupfte Dorothea das Ungetüm von ihrem Kopf und warf es in den Papierkorb, der neben der Parkbank stand.

Hetty schüttelte lachend den Kopf.

„Ich liebe dich – wir alle lieben dich. Für uns bist du die Größte. Trotz allem." Sie drückte Dorothea liebevoll die Hand. „Wahrscheinlich gerade weil du manchmal so verrückt bist."

Da stand Dorothea auf, streckte beide Hände in die Weite der Parkanlage und rief: „Ach, Hetty, wenn ich doch nur nicht so perfekt wäre wie du und du nicht so perfekt wärst wie ich."

Hetty stand auch auf. „Ach, Mutter, ich wollte immer nur deinen Ansprüchen genügen", sagte sie ein ganz klein wenig spitz. Dorothea hakte sich bei ihrer Tochter ein.

„Ich hab's nicht so gemeint."

Dann beschlossen sie, in die Stadt zu fahren und sich irgend etwas Schönes zu kaufen.

„Manchmal muß man auf den Putz hauen, auch wenn es unvernünftig ist, Hetty."

Hetty mußte zugeben, daß das gar nicht so schlecht war.

Das Geldausgeben der beiden verging wie im Flug, weil es ja einzig und allein damit zu tun hatte, das Gemüt aufzuheitern. Also dauerte es auch nicht lange, bis Dorothea und Hetty von Kopf bis Fuß neu eingekleidet waren.

So erschienen sie auf der kleinen Besuchertribüne des Tennisklubs, wo gerade ein gemischtes Doppel zwischen Nicole, Rüdiger, Friedrich und Brigitte stattfand. Doris saß auf dem hohen Schiedsrichterstuhl.

Eben hatte Friedrich Aufschlag und schlug den Ball voll ins Netz. Rüdiger grinste, aber Nicole schaute ihren Partner eher giftig an. Beim zweiten Aufschlag gab sich Friedrich rechtschaffen Mühe und hatte Erfolg. Er schmetterte den Ball so scharf ins Feld, daß Rüdiger einen höchst uneleganten Satz machen mußte, um ihn noch zu erwischen. Er erwischte ihn aber nicht. Nicole hob Friedrich gegenüber den Daumen, obwohl es ein Punkt gegen sie war.

Doris meldete vom Schiedsrichterstuhl das Ergebnis:

„15 : 0 für Brigitte und Friedrich."

Natürlich hatte Brigitte das heimliche Einverständnis zwischen Nicole und Friedrich bemerkt. Sie schaute dementsprechend mißgelaunt.

Auch Dorothea und Hetty hatten es gesehen. Aber Dorothea wunderte sich, warum Nicole trotz der zarten Beziehung, Friedrichs mit Liebe geklaute Blumensträuße in der Gegend herumwarf.

„Das gehört auch zum Spiel", flüsterte Hetty ihr zu.

Das war für Dorothea völlig neu. Nach wie vor hatten Blumensträuße für sie etwas ergreifend Romantisches und Altmodisches. Damit konnte man ihrer Meinung nach nicht einfach um sich werfen.

Eben knallte Nicole der armen Brigitte einen Ball dermaßen vor den Schläger, daß die ihn unmöglich bekommen konnte. Brigitte war noch saurer.

Doris verkündete: „40 : 30 für Brigitte und Friedrich."

Friedrich hatte wieder Aufschlag. Er holte aus und schmetterte den Ball mit aller Kraft ins gegnerische Feld. Dann kippte er um. Ein gequälter Aufschrei begleitete den Sturz.

Totenstille.

Rüdiger sprang elegant übers Netz und rannte hilfsbereit auf Friedrich zu. Auch die völlig bestürzte Nicole flitzte los.

Friedrich krümmte sich am Boden. Ganz außer Frage, er hatte einen scheußlichen Wadenkrampf. Dann, als der Schmerz ein bißchen nachließ, erhob er sich humpelnd. Brigitte half ihm auf. Rüdiger und Nicole standen ratlos daneben. Doris drehte sich lässig in ihrem Schiedsrichterstuhl zu Mutter und Großmutter um.

„Keine Angst, lediglich ein Wadenkrampf. Es wird schon wieder."

Natürlich hatten Hetty und Dorothea sich längst erhoben und wollten auch aufs Spielfeld laufen. Aber das war bereits unnötig. Friedrich hatte sich auf eine Bank gesetzt und massierte seine Wade.

„Das war's dann wohl", war sein einziger Kommentar.

In diesem Augenblick tauchte F. H. auf. Er trug lange weiße Tennishosen, ein weißes Hemd, und den Tennisschläger schwang er locker aus dem Handgelenk.

Nicole und Brigitte starrten den alten Löwen in seiner altmodischen Eleganz geradezu entzückt an. Rüdiger begrüßte F. H. als erster. Warum, wußte eigentlich keiner so recht.

Friedrich stellte vor. Er wußte im Augenblick nicht

recht, was schicklich war: erst die Mädchen dem Großvater oder Großvater den Mädchen? Dann sagte er einfach: „Mein Opa."

Dorothea hatte sich schon wieder erhoben.

„Da sieht man's mal, Hetty. F. H. mischt sich auch ein. Kaum ist hübsches Grünzeug auf dem Platz, läßt unser Alter die Muskeln spielen."

Trotzdem mußte sie insgeheim feststellen, daß F. H. wirklich ein gutaussehender Mann war.

Nachdem Dorothea es ewig vor sich hergeschoben hatte, war eines Tages die Buchführung fällig. Dorothea saß vor ihrem Computer, und Friedrich schaute ihr zu. Er hatte viel zu erzählen. Das Hauptthema war nach wie vor Nicole. Dorothea freute sich, daß ihr Enkel soviel Vertrauen zu ihr hatte.

Friedrich berichtete von einem Kinobesuch am Vorabend.

„Habt ihr wenigstens in der Loge gesessen?" fragte Dorothea.

Friedrich grinste, gab seiner Großmutter einen Kuß und verließ ihr Schlafzimmer. Aber in der Tür drehte er sich noch einmal um.

„Was machst du eigentlich den ganzen Abend so alleine?"

„Ich? Na, was schon? Umsatzsteuer, Mehrwertsteuer, Musik hören. Nebenbei warte ich auf etwas, was mich überraschen könnte."

Als Friedrich die Haustür hinter sich zuschlug, sah er F. H. am Gartentor warten. Friedrich blieb vor seinem Großvater stehen.

„Oma ist ein bißchen daneben. Umsatzsteuer, Mehrwertsteuer, Musik hören und warten. Ich meine, sie ist vielleicht traurig, Opa."

F. H. nickte und lächelte. Dann zog er hinter seinem

Rücken einen prächtigen Blumenstrauß hervor und stolzierte, nachdem er sich von Friedrich verabschiedet hatte, zur Eingangstür.

Er klingelte und lauschte. Dann hörte er die behenden Schritte seiner Ehemaligen die Treppe heruntertrippeln.

„Wahrscheinlich hat Friedrich wieder was vergessen“, murmelte sie, als sie die Tür aufschloß. Und dann blieb ihr Herz einfach eine verliebte Sekunde lang stehen. Ihre Wangen röteten sich leicht. F. H. streckte ihr den Blumenstrauß entgegen.

„Guten Abend, ich habe einen Tisch reservieren lassen für zwei Personen.“

Dorothea lächelte. „Ach, du Engel.“ Dann hob sie gekonnt ihren Zeigefinger. „Aber vorher mußt du mir noch bei der Umsatzsteuer helfen. Der Computer spinnt mal wieder. Hilfst du mir?“

F. H. reichte ihr den Arm.

„Ich spinne, du spinnst, warum soll da nicht auch der Computer spinnen?“

Die Tango-Revolution

Krampus schlief, wie immer, auf Dorotheas Bett. Aber heute schlief er anders als gewöhnlich. Er hatte seinen Kopf unter einem großen Daunenkissen verborgen. Dies war eine instinktive Notmaßnahme gegen Dorotheas Stereoanlage. Völlig unerträglich donnerte ein Tango, der an Glut und Lautstärke nicht zu überbieten war, um seine Hundeohren.

Doris war etwas weniger empfindlich als Krampus. Sie saß oben am Treppengeländer auf dem Fußboden und ließ die Beine herunterbaumeln. Etwas skeptisch schaute sie nach unten in die Halle. Dort versuchte Dorothea verzweifelt, Friedrich das Tangotanzen beizubringen.

In diesem Augenblick hatte es den Anschein, daß Friedrich schlichtweg kein Gefühl für Tangomusik und absolut kein Talent für die Tangoschritte hatte. Ununterbrochen trat er seiner Großmutter auf die Füße.

Dorothea unterbrach den Tanz. Sie war etwas blaß im Gesicht. Friedrichs letzter Tritt war kaum auszuhalten gewesen.

„Mein liebes Kind", stöhnte sie, „was dir fehlt, ist einfach Schmelz, Schmalz und das Gefühl für Rhythmus. Tango tanzt man mit dem Kopf. Das Gefühl gleitet aus dem Kopf in die Beine, und die langgezogenen gestreckten Schritte ergeben sich dann wie von selbst. Siehst du, so."

Dorothea schlich schiebend über den Parkettboden der Wohnhalle und tanzte die Rolle des männlichen Führers. Sie war von Kopf bis Fuß Takt und Melodie.

Friedrich deutete nach oben.

„Wenn die so blöd guckt, lerne ich das nie."

Seine Schwester grinste. „Wieso, das ist doch ganz

einfach. Eins, zwei, drei, vier und schiiieben, eins, zwei, drei . . ."

Dorothea steigerte sich immer mehr in ihre Tangolektion. Sie hatte jetzt einen leichten Stuhl ergriffen, zwängte ihm die Rolle der Frau auf und schob ihn quer durch die Halle.

Endlich war der Tango zu Ende. Erschöpft setzte sich Dorothea auf ihren Partner, den Stuhl.

„Wieso ist Tango jetzt in?" fragte sie Friedrich atemlos und tippte ihn vor die Brust. „Zu meiner Zeit war Tango nicht sehr gesellschaftsfähig."

Friedrich stellte sich in Positur und machte seiner Großmutter klar, daß sie und ihre Generation damals eben völlig altmodisch und dünkelhaft gewesen seien. Dann betonte er, daß der reine Tango heutzutage schlichtweg die Revolution der einfachen Klasse gegen die Ausbeuter sei.

Doris konnte auf ihrem Platz infolge der guten Akustik der Halle den schulmeisterlichen Erklärungen ihres Bruders folgen und lachte hellauf.

„Revolution gegen was?" fragte Großmutter neugierig.

„Na ja, zum Beispiel gegen die Großgrundbesitzer", erwiderte Friedrich ernst. Dorothea blickte nach oben und tat so, als ob sie gründlich nachdachte. Dann schaute sie ihren Enkel mit einem schelmischen Lächeln an.

„Und gegen welche Großgrundbesitzer in unserer schönen Stadt willst du Tango tanzen? Gegen die Baulöwen?"

Verächtlich winkte Friedrich ab. Es hatte einfach keinen Sinn, eine ernsthafte Unterhaltung mit jemand zu führen, dem der Schalk so im Nacken saß wie seiner Großmutter. Besser, noch einmal ein paar Tanzschritte mit der ignoranten Oma zu versuchen.

Erneut donnerte Tangomusik durchs Haus. Friedrich

drückte seine Großmutter an sich, und gemeinsam mit ihr versuchte er, dem Geheimnis dieses Tanzes auf die Spur zu kommen. Friedrich fühlte sich mehr schlecht als recht in die Technik und in die Geschichte dieses Tanzes ein. Er schloß die Augen, und – eins, zwei, drei, vier, Tango – träumte sich in Sehnsucht und Hoffnung hinein. Und wie es der Teufel wollte, hörte er plötzlich den Aufschrei des geknechteten Volkes gegen die Unterdrücker. Es war der Schrei seiner Großmutter, der er nunmehr auf beide Füße gestiegen war.

„Mein Gott, Oma, du bringst mich mit deinem Geschrei völlig aus der Stimmung“, bemerkte er herzlos.

Jetzt wolle *sie* führen, war der energische Einwand Dorotheas. Vielleicht könne er sich dann den schlichten Grundschritt aneignen. Sie riß ihn fest an sich und schob ihn quer durch die Halle.

Bei einer etwas heftigen Wendung ging Friedrich rückwärts zu Boden. Doris wollte sich ausschütten vor Lachen. Friedrich hatte sich etwas verrenkt, und der unerwartete Schmerz empörte ihn.

„Dein Temperament, Oma, ist halsbrecherisch und demütigend.“

„Oho“, lachte Dorothea und blickte zu ihrer Enkelin hoch. „Unser Friedrich redet zur Zeit einen höchst altmodischen Stuß.“

Plötzlich hörte man das verzweifelte Jaulen einer gequälten Kreatur. Es war Krampus, der die heißen Rhythmen nicht mehr ertragen konnte.

Doris lief ins Schlafzimmer und stellte die Anlage ab. Und plötzlich war sie da – diese herrlich erlösende Stille.

Friedrich erhob sich vom Boden und ließ sich in einen Sessel fallen. Er war völlig außer Atem. Dorothea stellte sich vor ihn und schaute ihn skeptisch an.

„Tut mir leid, Friedrich, ich bin ja auch nicht perfekt. Aber bitte erklär mir, was das Sommerfest im Tennisklub mit der Tango-Revolution zu tun hat.“

Friedrich lehnte sich erschöpft zurück.

„Ach, Oma, du würdest es ja doch nicht verstehen."

Dorothea schaute nun wirklich verständnislos ihren Enkel an. Was dieses junge Gemüse einem so alles nicht zutraute! Dann blickte sie zur Galerie empor, wo Doris wieder aufgetaucht war und Friedrich überdeutlich einen Vogel zeigte.

Kurze Zeit später stob Dorothea, wie immer im zweiten Gang, aufgrund einer Umleitung einige Straßen entlang, die sie sonst nicht benutzte. Auf dem Beifahrersitz saß Krampus und wiegte sich leicht im Takt der Tangomusik aus dem Kassettenrecorder. Dorothea war stolz auf Krampus. Der lernte schneller als Friedrich. Er hatte eben Gefühl.

Weil das Wetter gut war, fuhren die beiden offen. So blickten sich viele Passanten erstaunt nach dem roten Porsche um, aus dem laute Tangomusik ertönte und einen Hund und eine Großmutter in Schwung brachte.

Plötzlich trat Dorothea heftig auf die Bremse, woraufhin ein nachfolgender Autofahrer beinahe aufgefahren wäre. Als er losschimpfen wollte, schaute sie ihn nur sehr streng an. Der fremde Fahrer winkte ab und fuhr weiter.

Dorotheas Blick fiel auf ein großes Plakat über der Eingangstür einer Diskothek. Ein schwülstiges Paar war dort abgebildet, und darunter stand unübersehbar:

„Tango-Wettbewerb. 1. Preis: ein Motorroller, 2. Preis: ein Moped, 3. Preis: ein Tourenfahrrad."

Dorothea schaute ihren Hund an und stellte die Musik ab. „Aha, das ist also Friedrichs Revolution." Dann schaltete sie blitzartig aus dem Leerlauf in den zweiten Gang und preschte davon.

Als sie auf dem Werksgelände ankam, traute sie ihren Augen kaum – Werkmeister Binnenbruck blickte gebannt auf einen jungen Mitarbeiter, der sich in Blaumann und gelbem Schutzhelm mit einem großen Malerbesen in den Grundschritten des Tangos wiegte. Der junge Mann pfiff dabei.

Dorothea hupte laut, und den jungen Mann in seiner seligen Hingabe traf fast der Schlag. Er rannte auf sein Arbeitsgerüst zurück, und die ganze Sache schien ihm schrecklich peinlich zu sein.

Auch Binnenbruck schaute Dorothea schuldbewußt an, als er auf ihr Auto zuging. Dorothea hatte sich hinter ihrem Lenkrad aufgestellt, auf die Windschutzscheibe gestützt wie auf ein Rednerpult und sagte etwas sehr Kluges: „Tango, was?“

Binnenbruck schaute verlegen auf seine Füße.

„Chefin, ich muß Ihnen das erklären.“

Dorothea hob wissend den Zeigefinger. Eine Geste, die bei ihr sehr unerfreulich wirkte.

„Nicht nötig, Binnenbruck, ich weiß Bescheid. Es geht um einen Motorroller, um ein Moped und um ein Tourenrad, stimmt's?“

Der Werkmeister wehrte sich entschieden dagegen.

„Nein, es geht lediglich um den Tennisklub, besser gesagt, um das Sommerfest des Tennisklubs.“

Dorothea lachte vergnügt. Diese Mär hatte wohl jeder Halbwüchsige der älteren Generation aufgetischt.

„Hahaha, hat dir dein Rainer das auch erzählt?“

Binnenbruck nickte. Dorothea stieg aus dem Wagen.

„Komm, Krampus, wir müssen diesen Vater aufklären.“ Krampus machte einen großen, sehr eleganten Satz, denn die Musik hatte ihn seine Schwerfälligkeit völlig vergessen lassen.

Lauernd schaute Binnenbruck seiner Chefin nach, die zum Büro ging. Sie forderte ihn auf mitzukommen, da es noch einiges zu besprechen gäbe. Binnenbruck war gar nicht wohl. Er machte ein gequältes Gesicht.

„Was Schlimmes?“

„Ach was“, zwinkerte Dorothea ihm zu. „Nichts ist schlimm, komm.“ Etwas erleichtert folgte ihr Binnenbruck ins Büro.

Dorothea setzte sich an ihren Schreibtisch und blätterte die Unterschriftenmappe durch.

„Sag mal, war dein Rainer in der letzten Zeit auf einen Motorroller scharf?“

Binnenbruck bestätigte das ruhigen Gewissens. Dann lenkte Dorothea ein bißchen ins Geschäftliche ab. Sie ächzte über den Mehrpreis von Mahagoni und über den Preis des Modells Möwe, das ein Konsul kaufen wollte. Sie wartete, daß Binnenbruck noch einmal nachhakte, was dieser auch tat.

„Doch, Chefin, den Preis für die Möwe können wir halten ... Aber was ist denn mit dem Motorroller?“

Als ob sie auf diese Frage gewartet hätte, antwortete sie: „Das ist bei den Jungen im Busch. Hast du schon mal was vom T-12-Club gehört?“

Binnenbruck hatte.

„Und wieso war der kleine Winter nicht in der Berufsschule?“ Winter, das war der mit dem Besen tanzende Tangojüngling. „Das ist schon das dritte Mal, daß sie sich beschweren.“ Anklagend hob Dorothea einen Brief der Berufsschule hoch. Sie schaute Binnenbruck streng an. „Und der Typ muß dir Tango vortanzen? Du bist schließlich der Ausbilder. Paßt denn das zusammen?“

Jetzt schüttete Binnenbruck sein Herz aus.

„Zu Hause nervt mich mein Rainer. In die Tanzschule will er nicht, das ist ihm zu blöd. Und meine Frau und ich, wir können keinen Tango tanzen. Wir fanden das immer so ein bißchen ... na ja, Sie verstehen schon, Chefin – schmalzig.“

Dorothea nickte. Binnenbruck hatte also zu Hause das gleiche Problem wie sie mit Friedrich. Deswegen mußte der berufsschuleschwänzende Winter Binnenbruck die Schritte vortanzen.

Nun flehte Binnenbruck Dorothea an: „Chefin, könnten Sie mir nicht wenigstens den Grundschritt beibringen? Bei Winter hab ich das nicht recht verstanden."

Dorothea stand schon auf und schüttelte den Kopf. „Kommt überhaupt nicht in Frage. Das Sommerfest ist nämlich in Wirklichkeit ein Tango-Wettbewerb. Ich werd mich hüten und die Konkurrenz stärken! Aber jetzt schleich dich und schick mir den kleinen Winter rein."

Binnenbruck war nach dieser lieblosen Aufklärung etwas schlechter gelaunt als zuvor. Was ihm sein Sohn da vom Tennisklub-Sommerfest erzählt hatte, war also nicht die Bohne wahr, und Friedrich machte mit seiner Chefin denselben Zirkus. Die jungen Herren wollten sie wohl für dumm verkaufen. Als ob irgend jemand etwas dagegen hätte, daß die Jungen sich an einem Tanzturnier beteiligen wollten.

Eigentlich wollte Binnenbruck die Bürotür nicht so fest zuwerfen, wie er es in seiner Wut tat.

Dorothea grinste. Durch das Fenster sah sie den geliebten Werkmeister auf den jungen Winter zugehen, der ihm gerade wieder selbstlos und ungefragt einen Tangoschritt vorführen wollte. Man sprach kurz miteinander. Nach diesem Gedankenaustausch war ein schlechtes Gewissen in das Gesicht des Lehrlings gemeißelt.

Geknickt betrat er das Büro seiner Chefin, die aus der Unterschriftenmappe das Mahnschreiben der Berufsschule hervorzog. Sie hielt ihm den Brief vor die Nase. „Ich höre!" forderte sie ihn auf, irgend etwas zu sagen.

Erst druckste der Junge ein bißchen herum, dann gab er zu, daß alles stimmte, was in dem Brief stand. Na ja, und daß ein Nachbar eine Garage baue und daß er, Winter, auf einen Motorroller spare.

„Aha, Schwarzarbeit", lachte Dorothea auf. „Motorroller für Geld. Du meine Güte, das kannst du doch billiger haben." Plötzlich stutzte sie. Was war so ein Motorroller eigentlich wert? An die 2000 Mark? Aber das war kein Grund, die Berufsschule zu schwänzen und statt dessen Garagen zu bauen.

„Sag mal, wann hast du eigentlich Zwischenprüfung? Nächsten Mittwoch, wenn ich mich nicht irre."

So war es. Dorothea dachte nach.

„Also, paß mal auf. Wenn du die Prüfung trotz deiner miserablen Moral schaffst, reden wir über ein Darlehen für einen Motorroller, klar?"

Winter stimmte zu. Mit der Zuversicht der Jugend war er überzeugt, daß er die Zwischenprüfung schaffen würde. Beim Hinausgehen drehte er sich noch einmal um.

„Was meinten Sie eigentlich vorhin mit ‚An einen Motorroller kommt man doch billiger ran'?"

Dorothea lächelte wissend.

„Die Konkurrenz schläft nicht, Winter. Vergiß das nicht. Das gilt übrigens fürs ganze Leben."

Auf dem Tennisplatz spielte Frank gegen seinen Sohn Friedrich. Doris saß wieder mal auf dem Schiedsrichterstuhl und zählte mit: „40 : 30 für Papa" und bald darauf: „Satz Papa!"

Friedrich feuerte wie ein enttäuschter Tennisprofi den Schläger auf den Boden.

„Seit vierzehn Tagen geht das nun schon so. Ich mache keinen Stich." Er stampfte mit dem Fuß auf. „Sag mal, trainierst du heimlich im Betrieb, oder was?"

Frank freute sich wie ein Kind.

„Du bist schwächer geworden, mein Sohn. Also, deinen Topspin kann man glatt vergessen. Und deine Rückhand – du liebe Zeit! Willst du Revanche?"

Diese fröhlichen, belehrenden Sprüche seines Vaters hoben Friedrichs Laune nicht besonders. Er schüttelte den Kopf und schlurfte an den Spielfeldrand.

Doris kletterte vom Schiedsrichterstuhl herunter und folgte ihrem Bruder am Arm des Vaters.

„Spielst du jetzt mit mir, Papa?"

Frank schüttelte den Kopf. „Ich muß zurück in den Betrieb."

Doris schmollte.

„Vielleicht spielt Friedrich mit dir."

Doris schmollte noch mehr.

„Ach, der, was glaubst du denn? Gleich haut er mit irgendeiner dämlichen Ziege hier ab und läßt mich alleine stehen."

Frank stieß Friedrich an. „Du spielst doch noch mit ihr, was? Wenigstens einen Satz."

Friedrich verdrehte die Augen. Eigentlich war es unter seiner Würde, mit seiner Schwester ein Match hinzulegen. Aber um des lieben Friedens willen ließ er sich dann doch herab, ging gelangweilt auf den Platz zurück und stellte sich gähnend an die Grundlinie.

Doris konnte die hochmütige, alberne Miene ihres Bruders nicht leiden. Dieser arrogante Hund, dachte sie wütend. Ich möchte nur einmal einen Schlag hinlegen, daß ihm die Luft wegbleibt.

Ihren Wunsch mußte der Himmel vernommen haben, denn es gelang ihr ein sensationeller Aufschlag. Ein As!

„Du spielst jetzt genauso schlecht, wie du Tango tanzt", kostete Doris ihren Triumph aus.

Friedrich dachte, er höre nicht recht. Das war doch wohl die Krönung der Gemeinheit. Da entblödete man sich in seiner Gutmütigkeit, mit einem Laien ein paar Bälle über das Netz zu schlagen, nur damit Friede in der Familie herrschte und der Haussegen keinen Knacks bekam, und dann erntete man solche Unverschämtheiten.

„Du dämliche Gans. So weit kommt's noch, daß du mir übermütig wirst. Heulen müßtest du vor Dankbarkeit, daß ich mich überhaupt mit dir zusammen auf dem Platz sehen lasse, du schamlose Anfängerin."

In letzter Zeit pflegte Friedrich altmodisch zu sprechen. Auch das mußte Gründe haben. Vielleicht Tango-Gründe? Dann knallte er erneut den Tennisschläger auf den Boden und teilte wütende Blicke aus.

„Ob das gut ist für den Schläger, daß er ständig auf den Boden geworfen wird?" fragte Doris süffisant.

Friedrich schnappte nach Luft. Gott sei Dank kam im selben Augenblick seine Freundin Nicole auf den Nebenplatz geschritten, was ihn verblüffte und seinen Zorn in andere Bahnen lenkte.

Beide starrten nach drüben. Nicole und F. H. als Tennispartner. Opa kam nämlich auch.

„Donnerwetter", brachte Doris mühsam hervor. F. H. winkte jugendlich herüber.

„Huhu", tirilierte Nicole. „Euer Großvater ist einfach super. Super, sage ich."

Friedrich knirschte mit den Tennisschuhen auf der roten Asche und mit den Zähnen. Dieser alberne Teenagerausdruck „super", er konnte ihn nicht mehr hören. Wenn jeder so übertreiben würde, wo bliebe dann die Realität?

Es war kein guter Tag für Friedrich.

„Und Tango kann dein Opa tanzen", flötete Nicole vom Nebenplatz herüber. „Einfach super."

Doris blickte Friedrich an, Friedrich blickte Doris an. Beide waren sich schon lange nicht mehr so einig gewesen. Sie gingen.

Nicoles fröhliches, glockenhelles Lachen begleitete die großartige Rückhand des Großvaters.

„Mein Gott, muß Tennisspielen lustig sein, wenn man keine Ahnung davon hat", fauchte Friedrich. Und Doris war völlig seiner Meinung.

Am Abend saßen Friedrich und Binnenbrucks Sohn Rainer, Nicole und Rainers Freundin in der Tango-Diskothek. Die Stimmung war äußerst trübe. Es war wenig los. Eine gelangweilte Serviererin stellte vier Cola-Gläser auf den Tisch. Die Jungen stützten den Kopf in die Hände und starrten hoffnungslos auf die Tanzfläche.

Dort glänzten vier Paare beim Tango. Man sah es auf Anhieb: Sie gehörten einer Tanzschule an und übten hier. Unsere vier Freunde waren sich klar darüber, daß es völlig sinnlos war, gegen diese Profis anzutreten. Die hatten den Motorroller, das Moped und das Tourenrad einfach schon in der Tasche.

Mißmutig beobachtete man die Tänzer. Einige von ihnen übertrafen sich nahezu selbst. Wiegeschritt und Brücke bis zum Boden. Auf unsere vier wirkten die akrobatischen Kapriolen etwas aufreizend.

„Wenn jetzt einer von euch ‚super‘ sagt, bin ich anstaltsreif.“ Friedrich kannte das leicht zu entzündende Naturell seiner Nachbarin Nicole. Diese überging die Bemerkung völlig.

„Dein Großvater ist besser als diese vier Typen zusammen.“

„Meine Großmutter auch“, brummelte Friedrich. „Außerdem, was heißt hier besser, sie sind einfach außerordentlich . . . für ihr Alter einfach . . .“

O Gott, wie weit war es schon mit seinen Nerven! Friedrich zuckte zurück. Um ein Haar hätte er selbst „super“ gesagt.

Als ihm Nicole dann noch erklärte, ihre Eltern würden einen Mordsärger machen, wenn sie jemals erführen, daß sie sich an einem Tango-Wettbewerb beteiligt hätte, war die Stimmung endgültig dahin. Man beschloß zu gehen.

Am Nebentisch erhob sich plötzlich der Lehrling Winter und forderte ein Mädchen, das alleine saß, zum Tango auf.

Noch ein Traumpaar mehr. Winter und seine neue Flamme legten einen Super-Tango hin.

Endlich sagte auch der schweigsame Rainer mal etwas: „Außer uns scheint in diesem Schuppen jeder den Tango mit der Muttermilch gekriegt zu haben." Auch er war in einem absoluten Tief.

Friedrich hatte das seine überwunden. Ihm war bereits alles egal.

„Das ist ein Lehrling von meiner Großmutter. Winter heißt er."

Blitzartig paßte sich Nicole der neuen Situation an. „Mit ihm bekäme ich ein neues Moped, wetten?"

Friedrich und Rainer stöhnten auf. Diese verräterischen Weiber, immer die Fahne nach dem Wind!

Tatsächlich erhob sich Nicole, setzte sich einen Tisch weiter alleine hin und schmachtete den Lehrling Winter an.

„Schau dir das an." Friedrich verstand die Welt nicht mehr. „Die bringt es glatt fertig und tanzt mit dem Typen." Er blickte Rainers Freundin tief in die Augen. „Würdest du das auch tun?"

Das Mädchen strahlte und nickte heftig.

„Ihr seid doch am Ende. Aber diese Typen da, die gewinnen die Fahrzeuge. Was wollt ihr denn?"

Friedrich und Rainer blickten sich wortlos an.

Ein ziemlich mieser Abend, der am Ende auch noch die Erkenntnis brachte, daß Freundinnen verräterisch sein können.

Dorothea saß in ihrem Schlafzimmer und telefonierte.

Natürlich gehört ein Hund nicht ins Bett und schon gar kein so großer. Trotzdem lag Krampus wie gewöhnlich neben Dorothea auf dem Kopfkissen und ließ sich selig streicheln.

Soeben versicherte Dorothea ihrer Tochter Hetty,

daß Friedrich sie ganz bestimmt nicht angepumpt habe, daß er heute mit Doris dagewesen sei, um von Großmutter den Tango-Grundschritt zu lernen.

„Fürs Sommerfest, jawohl. Tango ist jetzt in ... *Was* hast du in seinem Zimmer gefunden?"

Hetty hatte vor sich auf dem Telefontischchen einen Stapel Motorroller-, Moped- und Tourenradprospekte.

„Prospekte, Mutter, massenweise. Friedrich ist scharf auf ein Moped, einen Roller oder ein Tourenfahrrad. Obwohl er doch schon zwei Fahrräder hat. Jetzt muß es so ein Hollandrad sein. Oder eine dieser Knattermaschinen. Nur weil er in der Schule den Moped-Führerschein gemacht hat. Mutter, versprich mir, wenn er zu dir kommt und dich um Geld bittet ..."

Friedrich betrat die elterliche Wohnung.

„... oh, da kommt Friedrich gerade. Ich muß jetzt Schluß machen, Mutter. Gute Nacht."

Mißmutig begrüßte Friedrich seine Mutter. Er sah die Prospekte und deutete darauf.

„Schnüffelst du schon wieder in meiner Bude rum?"

Hetty schaute sehr unschuldig. Friedrich warf sich auf sein Bett. „Sogar Opa gibt jetzt Tanzunterricht im Tennisklub und spielt mit der blöden Nicole. Eitler Affe."

„Das ist aber sehr nett", flötete Hetty aufgeräumt. „Einer muß sich ja schließlich um euer Sommerfest kümmern, damit das einigermaßen läuft. Von euch will ja keiner mehr in die Tanzschule. Ich zu meiner Zeit ..."

Friedrich setzte sich im Bett auf.

„Mami, heute geht kein Mensch mehr in die Tanzschule."

Aber seine Mutter wußte es besser. Sie wußte beispielsweise, daß die Mädchen vom Droste-Hülshoff-Gymnasium alle gehen wollten, daß sie auf die Jungen sauer waren, weil die nicht wollten. Außerdem betonte sie, daß sie nicht in seinem Zimmer herumgeschnüffelt habe. Die Prospekte hätten offen auf seinem Bett gelegen.

„Wo warst du übrigens so lange?“

In diesem Augenblick schaute auch Doris in Friedrichs Zimmer. Sie war schon im Schlafanzug. Sie kam rein, rauschte zu ihrer Mutter rüber und antwortete tonlos für Friedrich:

„Im Tango-Schuppen, er heißt T 12.“

Friedrich war empört, daß Doris sich mit solchen Belanglosigkeiten vor seiner Mutter wichtig machen wollte.

„Wen interessiert denn das, du blöde Kuh!“ schimpfte er seiner Schwester hinterher, die mit erhobener Nase das Zimmer verließ. Dabei deutete sie sogar noch einen Tangoschritt an.

„Diese Schlange.“ Friedrich schaute seine Mutter lange an. „Ja, Mama, ich war ganz kurz da, wirklich nur ganz kurz.“

Hetty drückte ihren Sohn in die Kissen und fragte ihn nun direkt: „Also du willst so ein Moped oder einen Roller?“

Friedrich zupfte verlegen an seinem Pullover.

„Jeder zweite in unserer Klasse –“

Hetty unterbrach ihn. „Komm, ich liste dir doch auch nicht auf, wie viele in eurer Klasse ein eigenes Segelboot besitzen oder pro Woche fünfzehn Stunden auf dem Tennisplatz herumhängen, jedes Rock-Konzert besuchen und dann auch noch das nötige Kleingeld haben, viermal pro Woche in die Disko zu gehen. Ich kenne da nur einen in eurer Klasse, nämlich dich. Das einzige, worauf du verzichtest, ist ein Moped oder ein Roller.“

„Ich will den Roller ja auch selbst verdienen“, verteidigte sich Friedrich.

Hetty war sehr überrascht.

„Wie denn? Willst du Oma anpumpen?“

Empört setzte sich Friedrich auf.

„Ach was, mit meinen ungeahnten Talenten ..."

In diesem Augenblick kam Vater Frank herein. Er hatte noch in seinem kleinen Labor gearbeitet und hielt nun eine Glasphiole und ein halb gefülltes Reagenzglas hoch.

„Na, Kinder, es ist schon spät. Ist irgendwas Ernstes? Warst du wieder im T 12?"

Hetty war fast beleidigt. In dieser Familie wußte außer ihr anscheinend jeder, wo sich Friedrich nachts herumtrieb.

Frank sah den mißtrauischen Blick seiner süßen Ehehälfte. „Was soll schon sein? Zur Zeit rennen doch alle in dieses T 12. Tango, Tango, was? Ich habe ja nichts dagegen." Zärtlich schüttelte er das Reagenzglas.

Hetty sah sich genötigt, ihren Frank über die neueste Leidenschaft seines Sohnes aufzuklären. „Er meint, er braucht einen Motorroller!"

Frank stutzte und schaute seinen Sohn lange an.

„Hast du Oma schon angepumpt?"

Nun wehrte sich Friedrich noch entschiedener als zuvor. Seine Eltern hatten tatsächlich immer das billigste Klischee für ihn parat.

„Nein! Nein! Nein! Wie oft soll ich das denn noch sagen? Ich will mir selbst einen verdienen."

„Doch nicht etwa mit arbeiten?"

„Nein, Vater, das machst du doch für uns alle."

Damit hatte er allerdings sehr recht. Frank hielt stolz sein Reagenzglas hoch. Die Ablenkung war vollendet gelungen. Schon war Vater nicht mehr Vater, sondern nur noch Chemiker.

„Stimmt, Junge, stimmt. Ihr Lieben, es ist möglich, daß ich einen neuen Weichspüler entdeckt habe."

Friedrich stieg sofort auf das Lieblingsthema seines Vaters ein.

„Ich dachte, du arbeitest an einem biologisch neutralen Konservierungsmittel für Hackfleisch?" fragte er scheinheilig.

Frank schüttelte abwehrend die Glasphiole.

„Das ist doch längst auf dem Markt. Die Firma verdient sich dumm und dämlich damit. Aber mit dem Weichspüler hier, da gibt es Lizenzen."

Hetty strahlte ihren Göttergatten an. „Ehrlich? Lizenzen?"

„Na ja, höchstwahrscheinlich", schränkte Frank ein wenig ein.

Friedrich preschte vor. „Dann könnte ich ja einen Motorroller . . ."

Frank blitzte seinen Sohn an. „Was höre ich da? Ich denke, du willst ihn selbst verdienen?" Dann drehte er sich in Richtung Badezimmer und meinte vergnügt und ein bißchen theatralisch: „Komm, Hettylein, öffne mir deine Waschmaschine. Wir werden es ausprobieren."

Hetty hatte bereits die Lizenzen im Kopf. Sie erhob sich vom Bett, und beide verschwanden aufgeregt im Badezimmer. Friedrich schaute seinen Eltern kopfschüttelnd nach.

Als der Morgen graute, stand Dorothea bereits auf. Sie zog ihren herrlich altmodischen Trainingsanzug an, öffnete das Schlafzimmerfenster, stellte sich in gesunder Entfernung davon auf und begann mit Atemübungen.

Krampus hatte sich ebenfalls erhoben, völlig verschreckt ob des frühen Morgens, und blinzelte sie von der Seite an.

Nach zwanzig anstrengenden Kniebeugen schaute Dorothea Krampus kurz und atemlos an. „Faules Stück." Doch das störte Krampus wenig. Jeder mußte nach seiner Art glücklich werden.

Plötzlich sah Dorothea durch das geöffnete Fenster,

wie ihr Enkel Friedrich auf einem atemberaubend klapprigen Fahrrad mit hinten aufgeklemmter Schultasche auf ihr Haus zugeradelt kam. Schon um sechs! Und das Rad sah ganz so aus, als ob es die nächsten hundert Meter nicht mehr bewältigen würde.

Als ob es geplant gewesen wäre, schaffte das Fahrrad nicht einmal mehr die nächsten Meter bis zum Staketenzaun. Kurz vor dem Tor sprang die Kette ab.

Friedrich stieg betont langsam und theatralisch ab.

Manchmal, in ganz kostbaren Augenblicken des Lebens, klappen solche Auftritte wie am Schnürchen. Als Friedrich das Fahrrad an den Zaun lehnen wollte, hatte er auch noch den Lenker in der Hand.

Clever, dachte Dorothea und durchschaute auf der Stelle den geplanten Zusammenbruch des alten Fahrrades. Gerissen ist der Junge.

Höchst amüsiert beobachtete sie, wie Friedrich schließlich das rostige Stück Schrott, dieses Unikum von einem Fahrrad, sorgfältig ankettete. Dann schritt er in Richtung Haustür, und Dorothea verließ fluchtartig ihren Beobachtungsposten.

In der Mitte der Halle blieb Friedrich stehen und donnerte mit lauter Stimme: „Omaaa."

Aus dem Keller kam ein dunkles, tiefes „Ich bin hier unten".

Friedrich ging zur Kellertreppe. Er war sehr unzufrieden. War seine wunderbare, perfekte Vorführung umsonst gewesen? Hatte Oma nichts davon gesehen? Dann mußte er sich einen neuen Einstieg überlegen. Ganz in Gedanken betrat Friedrich den Keller, wo er zu seiner Überraschung seine Großmutter auf einem Heimtrainerfahrrad strampeln sah.

„Mann, das ist ja 'n tolles Ding."

Das war es wirklich. Das Fahrrad, mit dem man keine zwanzig Meter weit fahren konnte, war am Lenker mit einem aufwendigen Computer ausgerüstet, und mit

Hilfe eines Ohrkontaktes konnte der großmütterliche Pulsschlag gemessen werden.

„Was heißt hier ‚toll'?" strampelte Dorothea weiter. „Von Rumpfbeugen bekomme ich einen Hexenschuß, und so kriege ich nur Muskelkater. Außerdem muß sich ja wenigstens einer ab und zu deine neue Baßtrommel anschauen, die ich unlängst für 780 Mark erwerben mußte wegen des sogenannten ‚satten Drives'. Seit Wochen hast du hier keinen ruhestörenden Lärm mehr gemacht. Das geht mir richtig ab."

Doch in diesem Augenblick fehlte Friedrich die Zeit für ein schlechtes Gewissen.

„Hast du schlechte Laune, Oma? Bemitleide mich lieber. Weißt du, daß mein Fahrrad geklaut wurde?"

Dorothea unterbrach ihr Fitneßtraining, lehnte sich über den Lenker und starrte ihren Friedrich lange an.

„Du wirst es nicht für möglich halten, aber ich habe deine dramatische Anfahrt mit dieser Klapperkiste gesehen. Und ich weiß, daß du nur deshalb so erbarmungswürdig angeradelt bist, damit ich es sehe. Zusammen könnten wir nun überlegen, was dieser Unsinn sollte."

Friedrich wehrte sich entschieden gegen Großmutters Verdächtigungen, aber nicht überzeugend genug.

„Aber Oma, ich hab mir dieses Ding vom Schrottplatz geholt. Wie soll ich denn sonst zur Schule kommen?"

Dorothea stieg von ihrem Trimmrad und wies ihn lächelnd darauf hin, daß das natürlich mit einem Motorroller wesentlich bequemer ginge. Friedrich fühlte sich von seiner Schwester schamlos verraten.

„Doris hat dich nicht verpetzt. Aber ich komme durch diese dusselige Umleitung täglich an deinem T 12 vorbei, und dort habe ich das Plakat des Tango-Wettbewerbs entdeckt."

Friedrich erklärte ihr, daß die Konkurrenz bei diesem

Wettbewerb groß sei und es keine Chance gäbe, einen Blumentopf, geschweige denn ein Tourenrad, ein Moped oder den erträumten Motorroller zu gewinnen.

Dorothea erzählte ihm von ihrem genialen Lehrling Winter, der ihrer Meinung nach ganz sicherlich gewinnen würde.

„Den habe ich auch gesehen, bei Gott", jammerte Friedrich kleinlaut. Dorothea legte ihm den Arm um die Schultern, und beide gingen die Kellertreppe hinauf in die Halle.

„Daß ich dich nicht mit meinem Geld motorisieren kann, siehst du ein." Dorothea zog einen Stuhl in die Mitte des Raumes und setzte sich erschöpft nieder.

Friedrich verstand den kleinen Wink der Großmutter: ihr Nacken war verspannt. Er stellte sich hinter sie und knetete ihre Nackenpartie.

„Oder wolltest du mit deiner albernen Fahrradschau so etwas andeuten?"

„Aber natürlich nicht, Oma", schwindelte Friedrich scheinheilig und massierte die verhärteten Schultern und den Nacken besonders liebevoll. „Aber man könnte ja beispielsweise sagen, ich hätte den Motorroller bei dem Wettbewerb gewonnen."

Brüsk erhob sich Dorothea von ihrem Stuhl und funkelte ihren Enkel an. „Raus, geh in die Schule. Du bist der größte Lügner, der mir je untergekommen ist."

Beleidigt zog Friedrich von dannen. Das einzige, was ihm im Gehen noch einfiel, war: „Wenn das Opa gehört hätte. Deine üblen Verdächtigungen." Dann donnerte er die Tür ins Schloß, und Dorothea blieb wütend allein zurück.

Sie stellte den Stuhl sehr laut an seinen alten Platz und war der traurigen Meinung, daß Friedrich genau wie F. H. leichtsinnig, hemmungslos und hinterhältig sei. Dann verließ auch sie das Haus. An ihrem Gang konnte man erkennen, daß sie entweder Muskelkater hatte oder übel gelaunt war. Ihre Bewegungen waren ein klein wenig forscher und ein klein wenig heftiger als sonst. So, als kämpften sie gegen einen Schmerz an.

Krampus lief friedfertig hinterher. Als sie am Staketenzaun an dem angeketteten Fahrrad vorbeikam, pinkelte Krampus ans Hinterrad. Das hob Dorotheas Laune beträchtlich. Sie streichelte ihren vierbeinigen Genossen, öffnete die Tür zum Beifahrersitz, warf sich selbst ins Auto und brauste los.

Als sie am T 12 vorbeifuhr, trat sie an derselben Stelle wie vorher auf die Bremse. Um ein Haar hätte sie erneut einen Auffahrunfall verursacht. Und wie das Leben so spielt, war es der nämliche Herr, dem dieses Mißgeschick bereits zum erstenmal beinahe widerfahren wäre. Er zeigte ihr aufgebracht einen Vogel. Dorothea hingegen grüßte ihn freundlich, denn auch sie hatte ihn wiedererkannt. Doch für ein Rendezvous dieser Art hatte der Unglückliche nichts übrig. So fuhr er kopfschüttelnd weiter.

Als Dorotheas Blick auf das Tango-Wettbewerbs-Plakat fiel, kam noch einmal die Wut in ihr hoch. Aber ein weiterer Blick auf ihren treuen Krampus besänftigte sie wieder. Im zweiten Gang schoß sie davon.

Auf dem Werftgelände erspähte sie als erstes den Lehrling Winter beim Rostklopfen. Sie trat von hinten an ihn heran und legte ihm die Hand auf die Schulter. Winter erschrak fürchterlich und grüßte seine Chefin völlig verwirrt.

Dorothea zog ihn am Arm von seinem Arbeitsplatz fort. Sie schob ihr Gesicht dicht an das des Lehrlings.

„Mein Enkel Friedrich hat dich gestern abend im T 12 gesehen, diesem Tango-Schuppen, du weißt schon. Und er sagt, du seist ein unschlagbarer Tango-Jüngling. Ist das wahr?“

Winter war nun gänzlich verwirrt. „Es gibt immer Bessere. Aber den Tip für diesen Tango-Wettbewerb habe ich ja direkt von Ihnen, Frau Teufel. Ich meine, Sie haben mich erst draufgebracht."

Dorothea ging auf die Ausflüchte gar nicht ein. Sie fragte ihn schlankweg, ob er vorhabe, ihren Enkel zu besiegen.

„Der Friedrich hat keine Chance. In dem Laden ist jeder besser als er."

Dorothea dachte scharf nach.

„Bis zum Wettbewerb ist ja noch viel Zeit zum Üben." Dabei schaute sie ihren Lehrling Winter herausfordernd an. Doch der wehrte sich entschieden gegen die Art von Manipulation, die er in den Augen seiner Chefin las.

„Frau Teufel, das wäre doch Mumpitz, wenn ich den Friedrich oder den Rainer absichtlich gewinnen lassen würde. Die beiden sind viel zu schlecht."

„Könntest du sie denn trainieren?"

Winter wurde fast ohnmächtig. Richtig schwarz vor Augen wurde es ihm.

Binnenbruck kam heran. Er blieb kurz stehen, als er das eindringliche Gespräch zwischen Dorothea und Winter bemerkte.

„Macht er Faxen, Chefin?"

Aber Dorothea winkte nur ab.

„Im Gegenteil, Binnenbruck. Wir werden uns gerade einig."

Der Werkmeister ging kopfschüttelnd weiter.

Dorotheas kühles und forderndes „Alles klar?" brachte Winter völlig aus der Fassung. Trotzdem lehnte er rundweg ab, Friedrich zu trainieren. Auch nicht, als Dorothea ihm versprach, daß er – falls er die Zwischenprüfung bestünde – den Motorroller nicht als Kredit, sondern als Geschenk erhalten würde. Das ging ihm einfach alles zu weit.

„Frau Teufel, vielen Dank. Aber ich habe mich zu dem Wettbewerb mit Nicole als Partnerin gemeldet.“

Dorothea verlor die Fassung. Wie vom Donner gerührt, stieß sie ein heftiges „Nein“ hervor.

„Doch“, bestätigte Winkler ganz harmlos die unabänderliche Tatsache. „Eigentlich war es Nicole, die diesen Vorschlag gemacht hat.“

Dorothea taumelte. „Mit der Freundin meines Friedrich ...“ Sie schluckte. „Winter, Winter, manchmal fällt es mir schwer, gerecht zu bleiben.“ Dann ließ sie den Jungen einfach stehen und ging in ihr Büro.

Zauberhaft kitschige Lampions schmückten die Terrasse des Tennisklubs. An kleinen Tischen saßen die Vereinsmitglieder, an einem Ecktisch Dorothea, Hetty und Frank. Jung und alt, wie es so schön heißt, wiegten sich auf der Tanzfläche. Auch F. H. tanzte, und zwar sehr gekonnt mit der kleinen Nicole. Dorothea beobachtete das mit Augen, schmal wie Krötenschlitze.

Frank erhob sich und forderte seine Frau zum Tango auf. Aber Hetty hatte keine Lust.

„Wie soll der Junge tanzen lernen, wenn er von zu Hause keine Anregung bekommt?“ raunte Dorothea ihr zu.

Hetty schaute ihre Mutter fragend an. Aber die winkte nur ab. Sie hatte auch keine Lust, mit ihrem Schwiegersohn zu tanzen. Sie beobachtete Friedrich, der mit Schwester Doris den Tango mehr stolperte als tanzte. Es war ein jämmerliches Bild. Dorothea war ratlos. Die arme Doris. Da konnte man schon die Lust verlieren.

„Aber Papa hat's nicht verlernt“, meinte Hetty. Dorothea blickte Hetty an, sagte aber keinen Ton.

Endlich war der Tango zu Ende. F. H. brachte Nicole zurück an ihren Tisch, Friedrich hatte sich zu Nicoles

Freundinnen gesetzt und redete heftig auf sie ein, nachdem sein Großvater sich zurückgezogen hatte.

Die jungen Leute hatten Streit. Schließlich redete keiner mehr mit dem andern, und Doris kam als erste an den Tisch zurück. Sie zeigte allen ihre blauen Flecken vom Tango mit Friedrich.

„Dieses blöde Männervolk“, schimpfte sie. „Nur weil sie nicht in die Tanzschule gehen wollen, sondern lieber auf den Füßen der Mädchen herumtrampeln. In jeder Disko ist das so. Diese Armleuchter!“

Da kam F. H. heran. Charmant lächelnd blieb er vor Dorothea stehen und bat sie um den nächsten Tanz.

„Für dich bin ich als Tänzerin zu alt“, beschied ihn spitz die Ehemalige und gab ihm rundweg einen Korb. Aber das erschütterte F. H. natürlich wenig. Er setzte sich einfach neben Dorothea auf die Bank und schaute sie mit dem strahlenden Blick eines beglückten Männerherzens an.

Dorothea sah jedoch erst einmal geradeaus an ihm vorbei, bevor sie ihm einen mehr als dürftigen Blick zuwarf. Dann fragte sie ihn kühl, ob er Friedrich beobachtet habe und sein höchst fragliches Tango-Talent bemerkt habe.

„Grauenvoll“, bekräftigte F. H., „aber seine Nicole ist ein sehr nettes Mädchen. Nur lehnt sie es ab, mit ihm zu tanzen. Das sei schlimmer als Eishockeyspielen, sagte sie.“

Doris' Kopf tauchte zwischen Großvater und Großmutter auf. „Recht hat sie“, hetzte sie.

F. H. küßte seine Enkelin auf die Stirn.

„Möchtest du mit mir tanzen?“

Doris strahlte, und schon entschwanden beide auf die kleine Tanzfläche.

„Die Kinder hängen alle so sehr an Vater“, bemerkte Hetty. Dorothea nahm die Hand der Tochter in die ihre und kniff blinzelnd ein Auge zu.

„Auch auf die Gefahr hin, daß du es weitersagst: Ich hänge auch noch sehr an ihm."

Hetty und Frank, der natürlich zugehört hatte, machten frohe Gesichter.

„Aber nur bis zu einem gewissen Grad", schloß Dorothea ihre Betrachtung. Und so verlöschte das hoffnungsfrohe Leuchten auf den Gesichtern von Hetty und Frank.

Dorothea ließ die Hand ihrer Tochter wieder los.

„Außerdem bin ich ganz eurer Meinung, daß Friedrich so ein Motordingsbums gar nicht verdient hat."

Hetty schaute Dorothea etwas skeptisch an.

„Obwohl so ein Junge in einer Klasse, in der fast jeder schon motorisiert ist, natürlich schrecklich leidet. – Na ja", meinte Dorothea, „ich will mich keineswegs in eure familieninternen Diskussionen einmischen. Soll er eben ohne bleiben ... auch auf die Gefahr hin, daß er sich eine Neurose fängt, zum Außenseiter wird und natürlich in Zukunft auch noch als schamloser Lügner durchs Leben gehen muß."

Mit dieser theatralischen Übertreibung erhob sich Dorothea und verschwand im Dunkeln. Hetty und Frank schauten sich entgeistert an. Manchmal war Dorothea nicht zu begreifen.

„Deine Mutter hat eine herrliche Begabung, einen mit einem fatal schlechten Gewissen zurückzulassen."

Hetty hatte sich schon wieder gefangen.

„Keine Angst, Fränkchen. Ich habe dafür ihren Dickschädel geerbt."

Sanftes Flutlicht beleuchtete den Übungsplatz des Tennisklubs. Dorothea hatte einen der zahlreichen Bälle aufgehoben und warf ihn gegen die hölzerne Spielwand. Geschickt fing sie den zurückspringenden Ball wieder auf.

Friedrich trat aus dem Dunkel in den hellen Lichtkegel. Dorothea tat, als sähe sie ihn nicht.

„Ich wollte mich wegen heute morgen bei dir entschuldigen, Oma."

Dorothea warf den Ball wieder an die Wand und mußte einen eleganten Ausfall machen, um ihn zu fangen.

„Und ich wollte meinen Lehrling bestechen, daß er dich gewinnen läßt", preßte sie mühsam ob der sportlichen Anstrengung hervor. Dann stellte sie sich aufrecht vor ihn hin. „Sag mal, macht es dir nichts aus, daß er mit Nicole im T 12 auftritt?"

Friedrich mußte lachen. „Nee, gar nicht, Oma. Soll sie sich denn mit mir blamieren?"

Auch wieder wahr, überlegte Dorothea.

„Und wenn wir beide noch ein bißchen üben? Hör mal: Tango." Vom Sommerfest dröhnte ein mitreißender Tango herüber. Tango war wirklich ganz große Mode.

Galant forderte Friedrich seine Großmutter auf, und vor der hölzernen Trainingswand legten die beiden einen Tango hin, bei dem so manch einem das Weltbild zusammengebrochen wäre. Sie waren besser als je zuvor. Aber das war nur ein Glücksfall, die Liebe eines Enkels zu einer sehr lieben Großmutter.

Dennoch – dieser spontan gelungene Tango hatte alle Hoffnungen wieder aufleben lassen. Es mußte etwas dran sein, daß man mit Übung aus einem schwerfälligen Anfänger einen leichtfüßigen, eleganten Meister zaubern konnte.

Spät am Abend lag Krampus wieder auf Dorotheas Bett. Seinen sensiblen Hundekopf hatte er ein weiteres Mal unter einem riesigen Kopfkissen verborgen. Durch das Haus tobte ein nächtlicher Tango mit gewaltiger

Phonstärke. Es waren die Übungsklänge für den Wettbewerb.

Doris saß wieder auf ihrem Logenplatz oben auf der Galerie. Sie durfte aufbleiben, denn es war Samstagnacht, und am Sonntag konnten alle ausschlafen. Von hoch oben beobachtete sie ihre Großmutter, die sich nunmehr mit Rainer Binnenbruck abmühte. Friedrich hatte augenblicklich Pause und blätterte in Motorroller-Prospekten.

„Deine Oma ist super", störte ihn Brigitte, die neben ihm saß. Friedrich überlegte sich, ob er antworten wollte. Dann schaute er Brigitte völlig abwesend an. Mit tonloser Stimme sagte er: „Ich kann diesen Ausdruck ‚super' nicht mehr hören."

Schließlich war der Tango zu Ende. Nun forderte Dorothea die Jugend auf, es einmal alleine zu versuchen. Etwas gelangweilt griff sich Friedrich seine Partnerin Brigitte und Rainer seine schweigsame Freundin. Sie versuchten, Dorotheas Schmiß ihrerseits auf die Tanzfläche zu bringen.

Doris war schon wesentlich hoffnungsvoller gestimmt und kommandierte: „Also los, Kinder. Keine Müdigkeit vorschützen. Es sieht schon sehr, sehr gut aus. Nur Mut. Wir haben noch fünf Tage Zeit."

Dorothea und Krampus machten einen Spaziergang im Park. Beide waren guter Dinge, und jeder ging seinen Neigungen nach: Krampus beschnüffelte jeden Grashalm und zog und zerrte an der Leine, Dorothea pfiff einen Tango, als sie forschen Schrittes an einer Parkbank vorbeiliefen, auf der einsam ein zeitunglesender Herr saß. Der ließ die Zeitung sinken und pfiff Dorothea hinterher mit der gleichen übertriebenen Ausgelassenheit, wie dies italienische Papagalli mit teutonischen Touristinnen tun.

Dorothea und Krampus blieben stehen und schauten sich entrüstet um. Sie blickten in das strahlende Gesicht von F. H., der sich erhob und seiner Ehemaligen ein zärtliches „Hallo“ zuwarf.

Dorothea wollte forsch und kühl das „Hallo“ zurückgeben, aber es kam dummerweise etwas zu leise und genauso zärtlich.

„Ihr geht ja jeden Tag hier lang“, sagte F. H. und reichte ihr den Arm. Es war der Sonntagmorgen nach der Tango-Nacht, und F. H. war ohne Begleitung einer Mittvierzigerin unterwegs.

„Ach, eigentlich mehr zufällig“, säuselte Dorothea und hakte sich bei F. H. ein.

Krampus knurrte. Der Pfiff war ihm etwas zu derb dafür gewesen, daß Dorothea jetzt so zahm reagierte. Sie streichelte Krampus.

„Weißt du was, mein Schatz? Ich werde dir einen Vorschlag machen“, sagte F. H. und blieb plötzlich stehen. Dorothea schaute ihn streng an und runzelte fragend die Stirn.

„Nun hör es dir doch wenigstens einmal an. Erinnerst du dich noch an das alte Café Größenwahn in München?“

Dorothea erinnerte sich. Alles, was mit F. H. und ihr zusammenhing, war wie in ihr Gehirn eingebrannt. Damals war er im dritten Semester gewesen.

„Ja, das weiß ich ganz genau“, lächelte sie und zog ihn ein Stück weiter.

„Dann erinnerst du dich auch an den Tango-Spezialisten Georg Fränkel-Frank und seine seufzenden Geigen.“

Dorothea lachte auf. „O ja, weiß Gott.“

Und beide plauderten, wie schon so oft, über alte Zeiten. Vertraut gingen sie zu dritt nebeneinanderher durch einen sonnigen, wunderschönen Septembervormittag.

Fünf weitere mühsame Tage mit Tanzstunden – dann endlich war es soweit.

Zu Hause in Hettys Reich liefen die Vorbereitungen zum Tango-Tanzwettbewerb. Friedrich trug bereits seinen dunklen Konfirmationsanzug und band sich die schnürsenkeldünne Krawatte um den Hals. Seine Haare standen wie immer nach allen Seiten ab. Doris begutachtete ihn von der Seite.

„Los, jetzt fehlt nur noch Pomade. Ohne das Zeug kannst du keinen Blumentopf gewinnen. Ich hole diese ölige Pampe aus Papis Laboratorium. Die riecht wie Pomade, gar nicht schlecht."

Friedrich war wenig überzeugt von der Wirkung einer pomadeähnlichen Substanz, zumal seine Haare bisher allen Versuchen, auch der kunstfertigsten Friseure, erbitterten Widerstand geleistet hatten. Aber Doris war schon fortgelaufen, um das Reagenzglas zu holen.

Friedrich versuchte verzweifelt, sein wirres Haupthaar einigermaßen in Form zu bringen. Doris schüttete ihm den Inhalt des Reagenzglases auf den Kopf.

Friedrich schnupperte mißtrauisch. „Riecht etwas seifig."

Doris knapp: „Wurscht, wie es riecht, ich finde es gut, und es pappt."

Die Wirkung war in jeder Beziehung brillant. Friedrichs Kopf glänzte, und am Ende war er so aalglatt gekämmt, daß er fast um die Hälfte kleiner aussah.

In diesem Moment öffnete Frank die Korridortür. Er schnupperte.

„Um Gottes willen, Friedrich, dein Kopf schrumpft!" Dann sah er das leere Reagenzglas in Doris' Hand. „Mein Weichspüler!" schrie er.

Doris und Friedrich erschraken ebenfalls und schauten ihren Vater mit großen Augen an. Schließlich wollte Frank sich einen Ast lachen.

„Ich habe wirklich einen Augenblick geglaubt, dein

Kopf sei kleiner geworden. Das kommt davon, daß du sonst immer wie Struwwelpeter aussiehst. Weißt du noch, wer Struwwelpeter war?"

Seufzend nickte Friedrich.

„Ist es schlimm, daß wir deine neue chemische Entdeckung mißbraucht haben?" fragte Doris nun doch zaghaft.

„Keine Angst. Ich hoffe nur, daß Friedrich nicht in den Regen kommt. – Ach, was ich fragen wollte: Wo ist denn eure Mutter?"

An Mutter Hetty hatten die Kinder die ganze Zeit nicht gedacht.

„Vielleicht bei Oma", überlegte Doris.

„Da ist Opa", verkündete Frank vergnügt. „Dinner zu zweit bei Kerzenschein."

Doris war überzeugt, daß ihre Mutter vor Oma Teufels Haus auf und ab marschierte und aufpaßte, daß im Haus nichts passierte.

„Du hast recht", sagte Frank. „Das kann sein. Ich hole sie am besten dort ab." Bevor er das Zimmer verließ, wedelte er noch mit einem Zehnmarkschein, den Friedrich dankbar ergriff.

„Los, Alter, fünf Mark für mich", meinte Doris, „für die Tanzstunden und alles andere."

Aber Friedrich zeigte seiner Schwester lediglich einen Vogel und floh aus dem Zimmer.

Vor dem T 12 warteten schon Rainer, seine Freundin und Brigitte. Ein paar junge Leute öffneten die Tür zur Diskothek und gingen hinein. Man hörte laute Tangomusik.

Endlich kam Friedrich herbeigelaufen. Die Straßen waren zwar noch naß, aber Gott sei Dank hatte es in den letzten zehn Minuten nicht geregnet, als Friedrich sich auf der Straße befand.

Brigitte war hingerissen von Friedrichs Haar.

„Sag nicht ‚super'", warnte Friedrich.

„Nein – wow", war ihr einziger Kommentar. Doch auch der gefiel Friedrich nicht.

Auch Rainer hatte seine Haare mit Pomade behandelt, aber sie waren nicht annähernd so schnittig gestylt wie die von Friedrich.

„Dieser Winter ist mit deiner Nicole schon drin", empfing er ihn. Friedrich gab sich ganz gelassen.

„Soll er sich nur schon mal warmtanzen. Hier kommen die Sieger!" Er zerrte Brigitte an der Hand ins T 12.

Rainer sagte tonlos: „Ja, die Sieger des zweiten Platzes, weil wir die Ersten werden." Und dann verschwanden auch sie in der Diskothek.

Im T 12 war alles in Hochstimmung. Jungen und Mädchen waren original tangomäßig gekleidet. Die Jungen trugen Rückennummern; an den Tischen saß die Jury, zusammengesetzt aus Tanzstundenlehrern. Gerade war die Jury zusammengetreten, um die Paare in Augenschein zu nehmen und die Startziffern zu vergeben.

Brigitte und Friedrich gehörten zu den letzten Startern. Vor ihnen tanzten Nicole und Winter. Sie waren wirklich atemberaubend, das mußte der Neid ihnen lassen. Sie tanzten so gut, daß die drei anderen Paare sich bald von der Tanzfläche stahlen.

Das Publikum war außer sich, und Dorothea und F. H. jubelten ebenfalls. Unbemerkt von allen anderen waren die Großeltern nämlich ins T 12 gekommen.

„Der Junge ist toll", brummelte Dorothea und warf ihrem F. H. einen bedenklichen Blick zu.

„Nicht gut genug." Das war alles, was ihr Ehemaliger antwortete.

Das Publikum applaudierte wie verrückt. Sogar die anderen Tanzpaare klatschten begeistert.

Im Hintergrund der Diskothek wurde bereits ein

Samttuch von einem herrlichen Motorroller heruntergezogen. Ebenso von einem Moped und einem holländischen Tourenrad.

Der Conférencier brüllte gegen die Tangorhythmen an: „Das, Freunde, sind, und darüber müssen wir uns einig sein, die Sieger. Das Paar Sebastian und Nicole. Oder glaubt hier irgend jemand, daß er besser ist?"

Friedrich und Brigitte schwiegen betreten. Der Motorroller sollte also an Sebastian Winter gehen.

„Und Nicole erhält . . . Moment" – der Conférencier setzte seine Brille auf, ohne die er anscheinend nichts lesen konnte.

Rainer raunte Friedrich zu: „Jetzt hat deine Nicole eine neue Mitfahrgelegenheit." Aber Friedrich machte ganz in Gerechtigkeit und meinte nur, die beiden hätten das verdient, weil sie wirklich super getanzt hätten.

„Den Ausdruck kann ich nicht mehr hören", schmollte nun Brigitte.

Inzwischen hatte der Conférencier entziffert, was er wissen wollte, und schrie ins Mikrophon: „Also die Mädchen können sich im Modehaus Hübner zwei Modellkleider aussuchen. Darüber hinaus . . ."

Doch jetzt war F. H. vor die Jury getreten.

„Moment. Der Wettbewerb ist noch gar nicht zu Ende."

Der Conférencier war etwas aus der Fassung gebracht. Doch sein hilfloses „Ja, aber" konnte F. H. in keiner Weise bremsen. Sein Entschluß stand fest. Er drehte sich um, und tatsächlich – nun sah man, daß auch er eine Nummer auf dem Rücken hatte.

„Wir haben noch nicht getanzt und mein Enkel Friedrich und die anderen Paare der letzten Runde auch nicht."

Im Publikum sah man kichernde Gesichter.

„Oder gibt es etwa eine Altersbegrenzung?" wollte F. H. wissen.

Der unglückliche Conférencier schüttelte den Kopf und schaute völlig ungläubig.

„Na, also. Bitte sehr. Musik."

Und dann ertönte erneut der Tango. F. H. ging an den Rand der Tanzfläche und forderte Dorothea auf, die entschieden festlich angezogen war. Und dann schob das Exehepaar mit Friedrich, Brigitte und den anderen Paaren über das Parkett, daß den Zuschauern die Cola im Hals steckenblieb. Es war die Formvollendung schlechthin.

Es dauerte etwas, bis der Conférencier wieder genügend Worte gesammelt hatte. Dann bat er Sebastian und Nicole noch einmal auf die Tanzfläche.

Das Publikum beobachtete gebannt die Paare. Doch als F. H. seine Dorothea über seine Knie nach hinten beugte und sie dann in einer unnachahmlichen Drehung wieder an sich riß, entschied ein toller Applaus die Siegerfrage.

Dorothea und F. H. hatten gewonnen. Friedrich und Brigitte landeten unter ferner liefen oder besser, wurden gar nicht beachtet, obwohl sie nicht schlecht getanzt hatten. Aber sie tanzten im Schatten von zwei Sonnen.

Früh am nächsten Morgen machte Dorothea ihre Atemübungen. Durch das Fenster konnte sie beobachten, wie Friedrich mit seinem neuen Motorroller vorfuhr.

Er fühlte, daß seine Großmutter am Fenster stand und ihn kommen sah. Er schaute hoch und machte das Victoryzeichen.

„Super", brüllte er ganz selbstvergessen dieses verachtete Wort zu ihr hoch. Dorothea grinste hinunter. Dann fuhr Friedrich davon.

Dorothea humpelte ins Badezimmer. Das Tanzereignis war offensichtlich über ihre Kräfte gegangen. Krampus schaute sie völlig verständnislos an.

„Schau nicht so dumm, Dicker. O du meine Güte, tut das weh. Es ist alles eine Konditionssache, und Kondition habe ich nicht."

Eine Stunde später jagte Dorothea in ihrem Porsche durch die Straßen. Wenn sie schon nur humpeln konnte, mußte ihr Auto wenigstens einen Teil ihrer Aktivitäten ersetzen. Sie fuhr auf den Werfthof und quälte sich aus den bequemen Ledersitzen.

Binnenbruck sah das Drama und tippte einmal mehr auf Hexenschuß, eilte aber sofort zu Hilfe.

„Hab schon gehört. Der junge Winter ist am Boden zerstört, Chefin. Da haben Sie was angerichtet! Ich muß meinen Rainer übrigens jetzt auch mit einem Motorroller trösten, und zwar käuflich. – Wieder ein Hexenschuß, was?"

Dorothea schaute ihn aus ihrer gequälten Krümmung von unten her an.

„Meine Frau meint natürlich auch, daß der Junge jetzt im Motorrolleralter sei. Was soll ich als Vater da machen? Im übrigen sind wir der Meinung, daß Sie unseren Rainer im Stich gelassen haben."

Nun mußte Dorothea unter Schmerzen doch lachen.

„Nee, nee, das Ding hättet ihr von Anfang an kaufen müssen." Dann humpelte sie auf Winter zu, der immer noch Rost klopfte. Sie tippte ihn auf die Schulter.

„Du warst toll, Winter. Doch! Mein Kompliment."

„Guten Morgen", brummelte Winter verdutzt. „Aber gegen Ihre alte Schule konnten wir nicht an, Frau Teufel." Er kratzte sich etwas verlegen den Kopf.

Dorothea nahm aus ihrer Jackentasche einen Motorrollerschlüssel an einem wunderschönen Anhänger und ließ ihn vor Sebastian Winters Nase baumeln. Winters Augen wurden groß wie glühende Kohlen. Dann verstand er und lächelte ein breites, glückseliges Lächeln.

„Der ist rot", triumphierte Dorothea, „hat 48 Kubik und fährt zirka 40 Spitze. Und ein Jahr lang Versicherung ist auch bezahlt. Nur abholen und volltanken mußt du ihn noch selbst."

„Ach, Frau Teufel, danke." Er wollte nach dem Schlüssel greifen, aber Dorothea zog ihn weg.

„Abholen kannst du ihn, wenn du die Zwischenprüfung bestanden hast. Einverstanden?"

Winter war einverstanden.

Die Zwischenprüfung war dann nur noch ein Klacks.

Die Sterne sind für alle da

Nun geht es aber weiter mit dem 500. Boot der Teufel-Werft. Und wie fast alle Geschichten um Dorothea, beginnt auch diese in ihrem Schlafzimmer.

Doch vorab: Das Jubiläumsboot war nun endgültig fertiggestellt. Alle Probefahrten waren zu Dorotheas und Binnenbrucks vollster Zufriedenheit verlaufen. Die Feinarbeiten an einem solchen Boot nehmen Wochen in Anspruch und kosten den neuen Eigner viel Geld.

Der englische Supersegler hatte Dorothea Teufel das Recht der Namensgebung eingeräumt; erstens, weil es sich für die Werft um ein ganz besonderes Boot handelte, und zweitens, weil er so 500 Pfund weniger bezahlen mußte.

Dorothea saß an ihrem Computer und startete per Knopfdruck ein ganz spezielles Programm. Auf dem Bildschirm erschienen in rascher Folge weibliche Vornamen. Sie fingen alle mit A an. Adelheid, Adelgunde, Anna, Amalia und so weiter. Dann Namen mit B. Barbara, Berta, Beate, Brunhild, Burga.

Dorothea gefiel das alles nicht. „Adelgunde“ war einfach zu altmodisch. „Adelheid“ klang ihr zu langsam. Und später, bei dem Buchstaben D, „Diana“ für ein Boot in England einfach zu abgedroschen.

Dorothea suchte das Telefon. Krampus hatte seinen dicken Kopf daraufgelegt. Aber er war mittlerweile wohlerzogen, hob den Kopf, und Dorothea konnte telefonieren. Sie rief ihre Tochter Hetty an, um sie um Rat zu fragen. Außerdem mußte sie Enkelin Doris entschuldigen, die die Nacht im Hause der Oma verbracht hatte.

Kurz darauf kam Doris ins Schlafzimmer. Ihr Haar war mit einem lila leuchtenden Tönungsshampoo eingeschäumt, so wie es von Friseuren oft bei Grau- oder Weißhaarigen benutzt wird.

Doris nahm ein Glas Orangensaft und trank es in einem Zug aus. Dorothea beobachtete ihre Enkelin.

„Was ist das, mein Kind?“ fragte sie und deutete auf den Schaum. Doris erklärte, daß die ganze lilaseifige Pracht noch zwanzig Minuten ziehen müsse.

„Willst du eine Punkerin werden?“

„Opa benutzt das für seine grauen Schläfen.“

Dorothea lachte verächtlich. Was Opa nicht schon alles für seine Schönheit benutzt hatte.

„Oma, hast du schon einen Namen für das Boot? Ich hätte da einen Vorschlag ... Doris I.“

Dorothea rührte fast der Schlag. Doch Doris ließ nicht locker.

„Doris I klingt doch sehr schnell.“

„Kind, es bringt Unglück, wenn man ein Boot nach einem Familienangehörigen benennt. Ich kenne mich da aus. Wir haben das noch niemals gemacht und werden es auch nie tun.“

„Unglück?“ Doris zog ihre Augenbrauen so weit es ging zusammen, und aus ihren Augen schienen Blitze zu schießen.

„Wieso bringt das Unglück? So ein Quatsch. Seit wann bist du denn abergläubisch?“

Dorothea wollte gerade einen Löffel Zucker in ihren Tee rühren, als sie ein wenig Zucker verschüttete, so daß er auf den Servierwagen und auf den Boden fiel. Sie protestierte heftig.

„Ich bin überhaupt nicht abergläubisch, Doris. Aber in unserer Firma hat man niemals Boote nach Familienangehörigen benannt. Das ist Tradition und hat mit Aberglauben überhaupt nichts zu tun.“

Während sie dies sagte, nahm sie eine Prise von dem verschütteten Zucker und warf sie über die linke Schulter nach hinten auf den Boden.

Doris schaute verwundert. Dann fragte sie listig: „Warum wirfst du denn mit dem Zucker rum?"

Düster verkündete Dorothea, daß Zucker verschütten großes Unglück bringe und daß, sei es mal geschehen, man sofort eine Prise über die linke Schulter werfen müsse.

Doris war beeindruckt. „Und Salz?"

Dorothea beharrte darauf, daß Salz verschütten nur Glück bringe.

Doris zog sich rückwärts zum Badezimmer zurück. Auf dem Weg fragte sie beiläufig, ob Oma denn freitags verreisen würde?

Dorothea blieb ganz ruhig. Doch ihre Antwort war klipp und klar: „Am Freitag? Niemals, auf gar keinen Fall."

Doris nickte bedächtig, dann verschwand sie endgültig im Badezimmer.

Dorothea wandte sich kopfschüttelnd wieder ihrem Computer zu. „Doris I! Da könnten wir das Boot ja gleich auf Grund setzen ..."

Doris wusch sich ihre lila Punkspülung aus dem Haar, stellte fest, daß ihr Goldkopf mehr gen Grün hinneigte, und rannte erschrocken aus dem Haus. Dort traf sie ihren Großvater, der Krampus den heißgeliebten Autoreifen zurollte, damit der pummelige Bernhardiner Gewicht verlor. F. H. hatte sich erboten, während Dorotheas komplizierter Namenssuche für ein Boot Krampus spazierenzuführen.

Auch F. H. bestätigte Doris, daß ein auf ein Familienmitglied getauftes Boot niemals glücklich die Wellen durchschneiden könne. Das sei Tradition.

„Aber es gibt doch viele Männer, die ihr Boot auf den Namen ihrer Frau oder Tochter oder Freundin taufen ... Tina Onassis zum Beispiel."

Onassis sei nicht Teufel, meinte F. H., und damit war für ihn das leidige Thema erledigt.

Doris fand Aberglauben blöd. Und traditionellen Aberglauben noch blöder. F. H. sagte dazu kein Wort. Schweigend trotteten die beiden nebeneinanderher.

Da stolperte F. H. über einen Stein. Er blieb stehen, ging einige Schritte zurück und begann – den rechten Fuß zuerst aufsetzend – seinen Weg über das steinerne Hindernis erneut.

„Warum machst du das?“ fragte Doris erstaunt.

Lang und breit erklärte F. H., daß es absolut vernünftig sei, immer ein paar Schritte zurückzugehen, wenn man über ein Hindernis gestolpert sei. Alles andere ende in einer Katastrophe.

„Ist das auch Tradition?“ fragte Doris verblüfft.

F. H. war der Überzeugung, daß es sich in diesem Falle nicht um Tradition, sondern um eine alte Volksweisheit handele. Doris hielt es für puren Aberglauben.

F. H. zeterte: „Wieso denn das?“

Nun ja, es war ein Kreuz mit den Großeltern an diesem Tag.

Als Doris endlich wieder zu Hause war, traf sie ein neuer Schock. Auch Hetty bestätigte die Geschichte mit der Firmentradition und dem Bootsnamen. Von ihrer Mutter hätte Doris eine solch dusselige Antwort am wenigsten erwartet.

Beim Boot war man im wahrsten Sinne des Wortes am letzten Schliff. Feiner Lackstaub lag über dem gesamten Werfthof. Fertig aufgedockt stand das wirklich fabelhaft aussehende Segelboot auf dem Gelände der Bootswerft. Ein Prunkstück!

Binnenbruck und Friedrich betrachteten voller Stolz den formschönen Bootsrumpf. Für Binnenbruck war dieses Boot die Krönung seiner langen beruflichen

Laufbahn. Er fand es eigentlich eine Schande, daß dieser Renner seine Trophäen für die englische Fahne gewinnen würde.

Dorothea kam im zweiten Gang auf den Hof gefahren. Auch sie fegte sofort zu ihrem Lieblingsstück herüber. Sie war sich noch immer nicht über den Namen im klaren. Düster überlegte sie, daß die Engländer den Kahn ja sowieso „Diana“ nennen würden, und stellte das Namensproblem erst mal zurück.

„Binnenbruck, Junge, ich sage dir, der Name ist vorerst nicht so wichtig. Der Erfolg eines Bootes hängt ja nicht nur davon ab.“

„Nein“, mischte sich Friedrich ein, „davon nicht. Im wesentlichen kommt es darauf an, wie gut das Boot ist und wer damit segelt.“

Dorothea fand das eine sehr kluge und vernünftige Antwort ihres Enkels. „Natürlich, Friedrich, ein Boot wird gewissermaßen geboren. Mehrfach. Erst am Zeichentisch, und nach und nach wächst es heran. Weißt du noch, Binnenbruck, an welchem Tag wir es auf Kiel gelegt haben?“

Binnenbruck wußte es natürlich genau: am elften Juni.

„Aha, am elften Juni, dann ist unser Boot also ein Zwilling. Hm.“

Friedrich schaute seine Großmutter nun eher skeptisch an. Auch Binnenbruck hatte eine dumpfe Ahnung.

„Kinder, es ist nach vielen Jahren unser erster Direktauftrag nach England. Es ist ein besonderes Boot, und wir sollten nicht außer acht lassen: Als Sternzeichen ist der Zwilling an und für sich ein gutes Sternzeichen – an und für sich ...“

Friedrich wußte längst, was seine Großmutter vorhatte.

„Oma, du wirst doch nicht ein Horoskop für das Boot machen lassen!“

Dorothea widersprach heftig und betonte, daß sie so einen Unsinn noch nie gemacht habe.

„Eben, Chefin“, bekräftigte Binnenbruck.

Brüsk wandte Dorothea sich um und ging in ihr Büro.

Friedrich und Binnenbruck wechselten einen langen, sehr langen Blick.

„Wetten . . .?“

In ihrem Büro telefonierte Dorothea nicht mit einem Astrologen, sondern erst einmal mit einer Kartenlegerin. Die merkwürdige Person versuchte Dorothea davon zu überzeugen, daß die Zukunft aus den Karten eine, die aus dem Kaffeesatz jedoch eine andere Geschichte sei. Kaffeesatz sei in jedem Fall besser. Dorothea mußte ablehnen, denn das Boot trank nun mal keinen Kaffee.

Also überlegte sie weiter, wie sie die Zukunft und die Namensgebung des Jubiläumsbootes auf vernünftige Beine stellen könnte.

Wenig später spielten F. H. und Doris ein Doppel gegen Frank und Friedrich. Das Altherren-Tennistalent F. H. entschied Spiele und Sätze für sich und Doris. Doris war sehr stolz auf ihren Großvater.

Bald kam auch Dorothea vorbei.

Als das Doppel zu Ende war, verkündete sie ihrer staunenden Familie, daß sie sich nach endgültiger Fertigstellung der Jubiläumsjolle aus dem Geschäftsleben zurückzuziehen gedachte.

„Ich höre auf. Ich pensioniere mich selber.“

Friedrich und Doris konnten die Entscheidung ihrer Großmutter absolut nicht billigen, und Hetty, der sie zu Hause die Neuigkeit erzählten, hatte auch eine Erklärung dafür.

„Dann wird euer schwarzes Taschengeld knapp. Tut doch nicht so, als interessiere es euch, ob Oma noch arbeitet oder nicht. Ihr seid doch nur auf die Kröten aus."

Entrüstet wiesen die Geschwister diese Unterstellung zurück. Friedrich bestürmte seine Mutter, Oma von ihrem Entschluß abzubringen, weil er befürchte, sie würde sofort krank werden, wenn sie nicht mehr arbeite.

„Soll Oma etwa aufhören zu arbeiten, wenn sie sich nicht mehr wohl fühlt und aufhören *muß*?"

Da war auch etwas dran.

Bevor Doris abends ins Bett ging, flüsterte sie noch mit ihrer Mutter.

„Vielleicht ist es doch besser, wenn Oma aufhört zu arbeiten. Bevor alles in die Binsen geht. Sie ist jetzt so wunderlich. Abergläubisch. Opa auch. Überhaupt sind die alten Leute merkwürdig tüdelig geworden."

Hetty verbot ihrer Tochter, jemals wieder so böse über Oma und Opa zu reden.

Am nächsten Morgen besuchte Dorothea einen Astrologen. Astrologen geben sich gerne einen wissenschaftlichen Anstrich. Zumindest sind sie, wenn Kunden sie besuchen, sehr um Seriosität bemüht.

Großmutter Teufels Astrologe war etwa in ihrem Alter und hatte das Benehmen eines Operettenbuffos, der einen Chefchirurgen spielt. Aber wie sich das gehörte, hatte er auf einem runden Tisch eine Sternenkarte mit allen Planeten und den Häusern der Planeten ausgebreitet.

Dorothea setzte sich dem Astrologen gegenüber.

Schwungvoll stellte er die erste Frage: „Wann und wo wurde es geboren?"

„Am elften Juni, Punkt 7 Uhr 30. Da fängt bei uns immer die Arbeit an", sagte Dorothea; von einem Boot sagte sie nichts.

Der Astrologe folgerte messerscharf, daß es sich um einen Zwilling handeln müsse, aber das wußte Dorothea sowieso.

Nun kam die Schicksalsfrage: „Ist es männlich oder weiblich?"

„Das weiß ich noch nicht. Die Entscheidung werde ich noch treffen."

Der Astrologe war plötzlich verunsichert.

„Vorläufig handelt es sich nur um ein Boot", klärte ihn Dorothea auf.

„So, so, ein Boot." Das Chefchirurgengehabe tropfte vom Astrologen ab.

„Ich möchte von Ihnen wissen, wie die Sterne diesem Boot geneigt sind. Das macht doch keinen Unterschied, ob es ein Mensch ist oder ein Tier oder ein Boot. Die Sterne sind für alle da." Damit hatte Dorothea eigentlich recht.

Der Astrologe fand nur, daß die Sache bei einem Boot schwieriger sei als bei einem Menschen. Er wollte damit andeuten, daß Schwierigkeiten mehr Geld kosteten.

Dorothea war zu allen Opfern bereit.

Der Astrologe fummelte auf seiner Sternenkarte herum. Er brummelte etwas von janusköpfigem Sternzeichen und daß dieses Boot nach allen Seiten blicken könne, nach vorn und nach hinten und so weiter.

Dorothea fand das schwachsinnig. Sie bestand darauf, daß ihr Boot immer nur nach vorne fahren sollte, und das möglichst schnell.

Jubelnd stellte der Astrologe fest, daß das Boot im Haus des Pluto geboren war und daß das ein Kraftfeld bedeute, absolut männlich sei und sehr stark.

Dorothea war nicht unzufrieden, wußte sie doch endlich, daß sie ihrem Boot einen männlichen Namen geben mußte. Nun wollte sie auch noch etwas vom Schicksal des Bootes erfahren.

„In welcher Richtung, gnädige Frau – beruflich, geschäftlich oder in der Liebe?"

„Oh, da machen Sie mich neugierig. Hat eine Segeljacht auch ein Liebesleben?"

Der Besuch bei dem Astrologen kostete Dorothea viel Geld, endete aber im großen und ganzen nicht sehr befriedigend. Als Dorothea sein Haus verließ, wartete Doris im Wagen auf sie. Doris war immer noch gegen jeglichen Aberglauben und hatte es abgelehnt, mit hineinzugehen.

Dorothea berichtete, daß es sich um ein männliches Boot handele, daß es vermutlich in drei Jahren eine schwere Krankheit durchmachen müsse, wahrscheinlich eine Kollision. Aber beruflich habe es selten mit Gegenwind zu kämpfen und würde vermutlich in sechs Jahren den richtigen Lebenspartner treffen.

Doris hörte sich diese Ausführungen kopfschüttelnd an. „Was hat denn dieser Unsinn gekostet, Oma? Liebesleben bei einer Jacht ... richtiger Lebenspartner – so ein Käse!"

Dorothea beklagte bei Doris einen Mangel an Phantasie.

„Natürlich kann eine männliche Jacht eine Partnerin finden. Hast du schon mal etwas von einem Schwesterschiff gehört? Also, für mich bedeutet das, daß meine Firma in fünf, sechs Jahren einen neuen Auftrag aus England erhält, klar?"

Doris war das alles nicht klar.

Um ganz sicherzugehen beschloß Dorothea, doch noch die Kartenlegerin aufzusuchen. Diesmal wollte Doris mit.

Dorothea hatte es sehr eilig. Sie erkühnte sich sogar, in den dritten Gang hochzuschalten, und düste mit erheblicher Geschwindigkeit durch den frühen Abend.

Ein Polizeiwagen nahm die Verfolgung auf.

Vor dem Haus der Kartenlegerin hielt Dorothea an. Hinter ihr der Polizeiwagen. Als Doris und Dorothea ausstiegen, stiegen auch zwei Polizeibeamte aus. Und wie es der Zufall wollte, handelte es sich bei einem der beiden um eben jenen Beamten, der Dorothea an der Ecke Körnerstraße, wo sie mit Vorliebe falsch parkte, immer wieder Strafmandate verpaßte. Infolgedessen kannte man sich.

„Frau Teufel, Sie sind mit mindestens hundert Sachen durch die Stadt gefahren."

Dorothea wollte das nicht abstreiten.

„Das schafft mein Wagen glatt."

Der zweite Beamte schmunzelte, als Dorothea seinen Kollegen fragte: „Sagen Sie mal, wie heißen Sie mit Vornamen?"

„Gisbert", sagte der Beamte.

Gisbert fand Dorothea gar nicht mal schlecht. Doris ahnte, worauf das hinauslief.

„Doris I ist besser."

Doch Dorothea blieb unnachsichtig. Die Jacht sei männlich, und Gisbert sei ein hübscher Name. Dann bat sie den Beamten unumwunden, sie, wenn es seine Zeit erlaube, für fünf Minuten zu begleiten.

Der arme Polizist verstand nur Bahnhof. Doch Dorothea zerrte ihn schon in die Sprechstunde der Kartenlegerin.

„Kommen Sie bitte mit rein und mischen Sie die Karten."

Völlig vergeblich wehrte er ab, er habe keine Zeit zum Kartenspielen, und fand sich wenige Minuten später bei der Kartenlegerin.

Auch diese Dame war ein Glanzstück ihrer Zunft. Sie war noch ziemlich jung und natürlich ebenfalls um Ernsthaftigkeit bemüht; im Unterschied zum Astrologen mit seinem Chefchirurgengehabe hatte sie aber eher die Ausstrahlung einer Verkäuferin in einer sehr teuren Boutique.

Unermüdlich mischte der arme Beamte die Karten. Schließlich reichte er der Wahrsagerin den Stapel.

Doris stand kopfschüttelnd neben ihrer Großmutter, als die junge Frau die Karten vor sich auf dem Tisch ausbreitete.

„Oh, oh, oh. Das sieht nicht gut aus. Oh . . . Pikbube im dritten Haus."

Der ganze Fachunsinn der Kartenlegerin flog den Besuchern um die Ohren.

„Pikbube im dritten Haus ist mies? Was heißt das?" fragte Doris. Zu einer genaueren Auskunft war die Kartenlegerin aber noch nicht bereit. Immerhin sagte sie, Pikbube bedeute Tod.

Dem armen Beamten wurde ganz schwindlig.

„Ich dachte, das Pikas ist schlecht."

Er wurde aufgeklärt. Nur, wenn es unter dem Pikbuben läge, wäre Pikas schlecht. Dann allerdings sei es verheerend.

Ergriffen nickte der Beamte. Und prompt lag in diesem Augenblick das Pikas unter dem Pikbuben. Das Entsetzliche war also unvermeidlich.

Die Wahrsagerin blickte drohend den Beamten, Dorothea und Doris an. „Ich will Ihnen keine Angst machen."

Doch Doris hatte bereits Angst.

Die Kartenlegerin setzte noch einen drauf:

„Wenn jetzt die Kreuzsieben unter dem Pikbuben und dem Pikas liegt, ist kaum noch Hoffnung."

Klar – Kreuzsieben landete unter dem Pikas.

Der Beamte jammerte, er hätte nicht mit raufkommen sollen. Dorothea mußte ihn beruhigen.

„Gisbert, es geht doch nicht um Sie, es geht um ein Boot."

Doch das ließ die Kartenlegerin nicht gelten.

„Aber der Polizist hat gemischt."

Erregt wühlte Dorothea nun die ausgelegten Karten mit beiden Händen durcheinander und rief: „Das gilt alles nicht. So ein Mist."

Die Kartenlegerin verlangte dennoch ihr Honorar.

Die leidigen Schicksalsfragen um das Boot und seine Namensgebung wollten Frank und Friedrich in einer Nacht-und-Nebel-Aktion beenden. Sie schlichen mit Farbtopf und Pinsel zur fertiggestellten Jacht.

Frank rollte eine Papierschablone auseinander, die er am Rumpf des Bootes befestigte. Aus dem Papier waren fein säuberlich Buchstaben herausgeschnitten.

Friedrich pinselte die Schablone aus und meinte, Oma würde toben. Frank stimmte ihm da zu. Aber auch er hielt Aberglauben für eine törichte Verfehlung.

Binnenbruck war wie immer der erste in der Bootswerft. So las er auch als erster den umstürzlerischen Schriftzug:

Doris und Friedrich I.

Entsetzt betrachtete er die noch feuchten Buchstaben auf dem Jubiläumsboot.

„Doris und Friedrich – eine Schande, ein schlechter Witz, ein Unglück!" schimpfte Binnenbruck.

F. H. wurde von Frank und Friedrich in das Attentat auf die Firmentradition eingeweiht. F. H. fand es natürlich sehr bedenklich. Trotzdem, geschehen war geschehen, und so wollte F. H. das Schlimmste verhindern.

Dorothea schlief noch, als die drei Verschwörer in der Küche herumschlichen.

„Und ihr meint wirklich, der Bruch mit der Firmentradition war gut und heilsam?"

Frank schnaufte, Aberglaube sei einfach Unsinn, aber Dorothea würde trotzdem toben. Friedrich war nun auch verunsichert.

„Was meinst du, wie Mami zu der Sache steht, Papi?"

Frank betonte, daß Hetty in jedem Fall auf seiten der Oma sei, aber damit müsse er zurechtkommen.

F. H. schnappte sich kurzentschlossen das Frühstückstablett und trug es Dorothea aufs Zimmer. Sie fand das sehr lieb und genoß das Frühstück. F. H. wollte sie eigentlich auf den Schrecken der Namensgebung vorbereiten. Aber als er Dorothea so glücklich im Bett liegen sah, unterließ er die psychologische Kriegführung.

So fuhr Dorothea unvorbereitet auf den Werfthof. Alle Mitarbeiter standen um das Boot herum. Alle waren arbeitsunwillig, weil offensichtlich auch abergläubisch.

Dorothea sah die Bootsinschrift und sagte lediglich: „Brennt das da weg mit einer Lötlampe. Und ich enterbe meine Familie." Dann schritt sie in ihr Büro.

In Dorotheas Küche starrten F. H., Friedrich und Frank erwartungsvoll auf das Telefon. Frank und Friedrich schauten auf ihre Armbanduhren.

„Jetzt." Und prompt klingelte es.

Friedrich hob den Hörer ab.

„Ja, Oma, wir sind noch bei dir." Friedrich hielt den Hörer weit vom Ohr weg, als Dorothea tobte. Zwischendurch flüsterte er: „Wir sind enterbt. Alle."

Schließlich nahm Frank den Hörer und fragte arglos: „Wie soll das Boot denn heißen?"

„Gisbert."

Als die drei Verschwörer alles Hetty beichteten, war auch diese außer sich.

„Habt ihr den Verstand verloren? Mit so was scherzt man doch nicht!“

Man beschloß, gemeinsam die Werft aufzusuchen, um vor Dorothea die weiße Flagge zu hissen. Das erwies sich aber als sehr schwierig.

„Ich will euch überhaupt nicht mehr sehen! Wie konntet ihr mir das antun, ein Unglück heraufzubeschwören? In diesem Laden bestimme immer noch ich.“

„Aber du willst dich doch zur Ruhe setzen, Oma?“ fragte Friedrich recht dümmlich.

Das war zuviel.

„Ich werde nicht in Rente gehen, nie!“

Das wiederum war allen sehr recht.

Stunden später hieß das Boot „Gisbert“.

Am nächsten Tag sollte Schiffstaufe sein. Die Belegschaft und alle Familienmitglieder waren eingeladen. Natürlich auch Polizist Gisbert.

Um den Bug der Jacht herum hing die Werftfahne. Dorothea hatte ein Faß Bier spendiert. Gisbert war mächtig stolz, aber irgend etwas schien dennoch nicht in Ordnung zu sein. Doris kam als erste dahinter.

„Oma, ich hätte nie gedacht, daß du ein Boot ausgerechnet an einem Freitag, den dreizehnten, taufst.“

Arglos fragte Dorothea: „Warum denn nicht?“

Doris meinte, daß das doch Unglück bringe.

„So ein dummer Aberglaube. Alles Quatsch. Dieses Schiff hat ein Irrsinnshoroskop.“

„Aber die Karten! Pikbube überm Pikas und das alles über der Kreuzsieben. Das ist doch furchtbar“, mäkelte nun Gisbert, der Polizist.

Dorothea beschied ihn, schließlich habe nicht das Boot die Karten gemischt, sondern er. Gisbert schaute sehr traurig drein.

Dorothea legte den Arm um den Beamten und zog

ihn fort. Sie flüsterte mit ihm. Gisbert schaute noch trauriger, als er zurückkam. Die andern hörten, wie sie zu ihm sagte: „Gisbert, das verstehen Sie doch. Ich mußte es mir einfach anders überlegen."

Unter der Werftfahne gab es also eine Überraschung. Alle wußten, der Name war schon wieder geändert worden.

„Kinder, laßt euch überraschen. Aber mit diesen Karten, die Gisbert gemischt hatte, konnte ich es einfach nicht zulassen. Ich habe den Namen meiner Enkelkinder für das Boot abgelehnt, den Namen dieses Unglücksraben wollte ich schließlich auch nicht haben. Ihr seht also, ich mache es mir nicht leicht."

Gisberts Stolz schwamm dahin. Leicht beleidigt meinte er, daß er in Zukunft jedes falsche Parken unnachsichtig verfolgen wolle. Doch Dorothea hatte schließlich doch noch einen Trost bereit: Gisbert persönlich durfte die Werftfahne vom Bug des Bootes ziehen, nachdem Binnenbruck ein Glas Sekt darübergeschüttet hatte. Endlich hatte die Jacht einen Namen.

Teufelchen 123, lasen die zahlreichen Zuschauer fassungslos.

Die Tradition der Teufel-Werft wurde also hochgehalten. Alle Boote, für die die Bootswerft Teufel das Namensrecht hatte, hießen Teufelchen. Wieso eigentlich die langen Überlegungen?

Aber Dorothea machte sich eben auch die einfachsten Dinge nicht leicht.

Oma Teufel gibt Saures

Mit einem langstieligen Staubsauber saugte Doris unter Großmutters Bett. Dabei beförderte sie gewaltige Schinkenknochen zutage, die ganz ohne Frage Krampus dort gelagert hatte.

Krampus beobachtete Doris schon die ganze Zeit über aufmerksam. Diese Säuberungspraktiken gefielen ihm aus zwei Gründen nicht: erstens wegen der Schinkenknochen und zweitens wegen des unerträglichen Lärms. Schließlich setzte er sich neben die Tür und beobachtete von dort aus neugierig, was mit seinen Schinkenknochen geschah.

Doris nahm sie in die Hand und schaute Krampus vorwurfsvoll an. Dann legte sie ihm den größten Knochen vor die Pfoten und saugte weiter. Krampus tat so, als könne er sich an den Knochen überhaupt nicht mehr erinnern.

Doris machte gründlich sauber. Die Ordnungsliebe ihrer Mutter mußte auch in ihrem Blut toben, zumindest an diesem Morgen. Unter der Kommode fand sie einen weiteren Schinkenknochen und hinter der Stereoanlage auch. Alles in allem war es zum Schluß ein gutes Dutzend. Doris legte sie alle Krampus vor die Nase.

„Andere Hunde vergraben ihre Knochen irgendwo draußen. Und was tust du? Du hast sogar einen eigenen Garten. Was heißt Garten: Park. Hast du Angst, daß du sie draußen nicht mehr wiederfindest? Weil du zu blöd bist oder weil sie dir jemand klaut? Ein großer Hund versteckt keine Knochen im Schlafzimmer einer Großmutter. Ich finde dich unmöglich!"

Das alles sagte sie ihm, während sie den Teppichboden saugte. Krampus war nun doch sauer, weil er sich offensichtlich an gar nichts mehr erinnern konnte und sich absolut unschuldig fühlte. Ab und zu warf ihm Doris einen empörten Blick zu. Doch Krampus kümmerte das nicht. Erschrocken ging er nur mal einen Schritt zur Seite, als der Staubsauger ihm bedenklich nahe kam.

Just in diesem Augenblick betrat Dorothea im Eilschritt das Schlafzimmer. Sie trug ein elegantes Nachmittagskostüm und hatte sich einen gewaltigen Wollschal um den Hals gewickelt. Sie begrüßte ihr Enkelkind nur flüchtig.

„Tag, mein Schatz, Schule schon aus? Fein, daß du hier ein bißchen für Ordnung sorgst."

Doris richtete sich auf. „Omi, deine Tochter ... Quatsch: meine Mutter ... also die Hetty –"

Dorothea hörte nur halb hin. „Du, ich kann mich im Moment nicht mit dir unterhalten. Ich muß sofort wieder zurück in die Werft." Sie suchte in einem Stapel illustrierter Zeitungen ganz offensichtlich nach etwas Bestimmtem.

„Mami hat zweimal in der Woche eine Putzfrau."

Dorothea wühlte in der Ecke auf dem Beistelltisch in den Zeitungen herum.

„Ist das wahr? Warum denn? Sie ist doch selbst so ordentlich."

„Weil Mami die Arbeit alleine nicht mehr schafft und weil Papi jetzt mehr Geld verdient."

Dorothea schaute nur kurz auf.

„So, so", antwortete sie völlig geistesabwesend. „Na, dann ist es ja gut ... Wo ist denn dieser blöde Artikel abgeblieben? Ich hatte ihn doch extra ausgeschnitten." Sie suchte und suchte an den unmöglichsten Stellen.

Doris drängelte weiter: „Omi, du verdienst bestimmt viel mehr Geld als Papi und hast keine Putzfrau. Unsere heißt Frau Sitiç und kommt aus Jugoslawien."

„Fein", brummelte Oma nur und suchte weiter.

„Du könntest dir sicher eine Haushälterin leisten."

Dorothea stutzte. „Wieso denn das? Du bist doch da, mein Engel. Und du machst das doch gern."

Endlich fand sie den Artikel in der Jackentasche ihres Kostüms. „Wie kommt der denn dahin?" wunderte sie sich.

Doris wurde allmählich ungeduldig.

„Ich bin nicht deine Haushälterin. Ich gehe viel lieber zum Tennisspielen nach der Schule."

Dorothea tätschelte Doris ganz nebenbei die Wange.

„Ja, und wer bezahlt deinen Tennisverein? Ich!"

„Oma, soll das heißen, daß ich nicht dein geliebtes Enkelkind bin, sondern deine bezahlte Putzfrau?"

Dorothea ließ sich aufs Bett fallen, das recht und schlecht mit einer Tagesdecke zugedeckt war.

„Nein, das tust du doch, weil du mich liebst. – Au verflixt, was ist denn das?"

Dorothea hatte sich ganz offensichtlich auf etwas Hartes gesetzt. Sie tastete mit der Hand das Bett ab, griff unter die Decke und zog einen besonders schönen Knochen aus dem Bett.

„So eine Frechheit! Dieses süße Monster!" Sie packte den Knochen und warf ihn quer durchs Schlafzimmer Krampus vor die Pfoten, dorthin, wo auch der Rest schon lag. Dann betrachtete sie gedankenversunken den Knochenberg.

„Was dieses kleine Tier so alles in sich hineinschlägt ... unglaublich, nicht? ... Mein Schätzchen hat einen gesegneten Appetit. Gell, mein Kleiner, wer frißt, hat mehr vom Leben."

Krampus spitzte entzückt die Ohren. Doris allerdings war am Ende ihrer Geduld.

„O Gott, Oma, kann ich vielleicht mal fünf Minuten in Ruhe mit dir reden? Oder ist das nicht machbar?"

Dorothea hatte sich wohlig auf ihrem Bett zurechtgeräkelt. „Gleich, gleich, wenn ich diesen Artikel gelesen habe. Es ist eine Kampfschrift gegen die Grippe und andere Erkältungskrankheiten. Ich habe ihn extra ausgeschnitten für den Fall der Fälle."

„Und der Fall der Fälle ist jetzt da, was?"

Dorothea setzte ihren kriegerischen Blick auf.

„Ja, der Feind lauert an unseren Grenzen und wird mit Flugzeugen, Eisenbahnen, Lastwagen und Personenkraftfahrzeugen geradewegs in unsere Stadt transportiert. Ganz Frankreich, Holland und Belgien husten zur Zeit, weil eine Grippeepidemie diese Länder hinterrücks überfallen hat." Dorothea vertiefte sich wieder in die Lektüre des Artikels.

„Aha, und deswegen trägst du schon einen Schal."

Dorothea lächelte etwas hilflos und krächzte dann gespielt: „Auch, aber eigentlich, weil ich das blöde Verdeck vom Auto nicht mehr zugekriegt habe."

Doris hatte sich neben ihre Großmutter aufs Bett gesetzt und schaute ihr über die Schulter.

„Wie schlagen sie der Grippe denn ein Schnippchen?"

Dorothea murmelte abwesend: „Ja, ein Schnippchen."

Da brüllte Doris so laut, daß sogar Krampus zusammenzuckte: „So ein Quatsch! Das sind doch alles alte Oma-Regeln, die kennst du doch. Warum liest du diesen Artikel überhaupt?"

Dorothea fuhr erschrocken zurück. „Mein Gott, Kind, schrei doch nicht so. Übrigens hast du natürlich recht. Die verkaufen die alten Kamellen als neue Erkenntnisse. Ich weiß selbst nicht, warum ich diesen dusseligen Artikel lese. Wir bekämpfen ab sofort die drohende Gefahr mit den Kräften der Natur."

Doris hüpfte im Sitzen auf dem Bett auf und ab.

„Als erstes werde ich dir und mir Halswickel mit ungesalzenem Schweineschmalz machen. Unten in der Küche steht noch ein Topf."

Doris schaute ihre Großmutter mitleidig an.

„Omi, glaubst du, du findest Schweineschmalz in deiner Küche? Weißt du, wie's da unten aussieht?"

Dorothea blickte ihrer Enkelin fest ins Gesicht. Auf ihre Klagen ging sie nicht ein.

„Und was glaubst du, wie es auf meiner Werft aussieht, wenn meine Mitarbeiter alle von der Grippe gepackt werden und im Bett bleiben müssen?“ Dann erhob sie sich von ihrem Lager, zu allem entschlossen.

„Mein Kind, ich muß ein Bollwerk gegen den grippalen Feind errichten, bevor er kommt.“

„Vorbeugen heißt das bei Mami“, wußte Doris.

Dorothea wiegte den Kopf. „Klingt auch sehr vernünftig. Traust du dich mit mir zusammen in die Küche?“

Doris stimmte zaghaft zu, und Dorothea nahm ihre Enkeltochter in den Arm.

„Sei nicht böse, daß es in letzter Zeit bei mir drunter und drüber geht. Aber seit unser 500. Boot gebaut wurde, komme ich zu überhaupt nichts mehr. Wir können uns vor Aufträgen nicht retten und wissen nicht mehr, wo uns der Kopf steht.“

Dorothea ereiferte sich richtig und strahlte über das ganze Gesicht. „Aber man muß zugeben, es ist auch ein hervorragendes Boot.“ Dann grinste sie frech vor sich hin, während sie beide das Schlafzimmer verließen.

„Die Hamburger Konkurrenz Witmer & Witmer ist schon ganz grün vor Wut. Und mit dem neuen Kahn werden wir die Isle-of-Wild-Regatta locker gewinnen. Gegen die gesamte internationale Konkurrenz. Verlaß dich drauf!“

Doris zog ihre Großmutter die Treppe hinunter.

„Und genau deswegen brauchst du eine Haushälterin, Oma.“ Aber Dorothea hörte gar nicht hin.

„Stell dir vor, so eine Grippe wäre eine nationale Katastrophe. Komm, mein Schatz, wir suchen Schweineschmalz, ungesalzen.“

Auf der Werft wurde heftig gearbeitet. Binnenbruck inspizierte streng. Er stellte sich neben einen Arbeiter und half ihm bei einer schwierigen Verrichtung. Der junge Mann mußte plötzlich kräftig niesen.

„Entschuldigung.“

„Gesundheit.“ Binnenbruck war sehr besorgt. „Na, na, hast du dich etwa erkältet?“

Der Mitarbeiter schüttelte heftig den Kopf.

„Wie kommen Sie denn darauf? Nee, ich mußte nur niesen.“

Binnenbruck schaute ihn skeptisch an. „Nicht, daß du mir die anderen ansteckst.“

Der junge Mann versprach es. „Ich bin voll da.“

Trotzdem nahm Binnenbruck das Gesicht des Mitarbeiters in die Hände und sah ihn prüfend an.

„Zeig mal deine Zunge.“

Natürlich war der junge Mann empört.

„Also, ich bin hier angestellt, um zu arbeiten, und nicht, um meine Zunge rauszustrecken.“

„Ganz recht, mein Sohn.“ Binnenbruck ließ sich in keiner Weise beirren. „Als Lehrling warst du auch nie krank.“

Der junge Mann wehrte sich nicht länger und streckte die Zunge heraus. Binnenbruck fand, daß sie ordentlich rot aussah und nicht krank.

Dorothea hatte ihn schon seit Tagen auf die drohende Grippeepidemie aufmerksam gemacht. Und wie man weiß, waren Dorothea und Binnenbruck ein Herz und eine Seele. Auch wenn sie sich ständig stritten.

Immer noch beunruhigt, trottete Binnenbruck davon. Nach einigen Schritten wandte er sich noch einmal um.

„Also, wenn's im Hals anfängt zu kratzen, geh lieber heim, klar? Bevor du hier die anderen ...“ Binnenbruck traute sich kaum noch, das Wort „ansteckst“ auszusprechen.

„O Mann“, grollte der junge Arbeiter und schraubte

weiter. Binnenbruck setzte seinen Streifzug fort, mißtrauisch, mit scharfen Blicken auf der Suche nach dem mikroskopisch kleinen Feind. Dann mußte er plötzlich selbst heftig niesen. Der Feind war also schon da, innerhalb der Mauern. Binnenbruck wandte sich um – nur nichts anmerken lassen, sonst bricht die Moral der Mitarbeiter zusammen.

Als Dorothea und Doris in die Küche kamen, bot sich ihnen ein Bild des Grauens. Überall stapelte sich schmutziges Geschirr.

Doris fand wie so oft die richtigen Worte: „Oma, hier sieht es schlampig aus."

Dorothea war empört. „Ich bin keine Schlampe, du freches Ding, ich bin nur eine vielbeschäftigte Geschäftsfrau, von Arbeit verschlungen, hin- und hergerissen zwischen Haus und Firma. Basta."

Dorothea war über diesen tollen Satz selbst verblüfft. Im Grunde fand sie das Chaos aber auch unschicklich. Sie hatte in der letzten Zeit die Küche völlig geistesabwesend betreten und wieder verlassen.

„Weißt du, wenn ich frühmorgens einen Teebeutel ins heiße Wasser werfe, kriege ich das alles gar nicht richtig mit. Es ist eben noch ganz schön früh und dunkel draußen."

Doris fing an, die Töpfe und Teller herumzuschieben. Sie machte sich auf die Suche nach dem vielgepriesenen ungesalzenen Schweineschmalz. Dorothea versuchte die Tür zur Speisekammer zu öffnen, was ihr aber nicht gelang. Dann deutete sie auf einen Schrank.

„Da unten vielleicht?"

Doris zog am Griff der Schranktür, und ein Alptraum aus Töpfen, Schüsseln, Pfannen und Deckeln stürzte ihr entgegen. Es machte einen höllischen Krach.

Krampus, der ihnen in die Küche gefolgt war, jaulte

erschrocken auf. Aber Doris ließ sich nicht aus der Fassung bringen. Sie verschwand halb im Schrank und kam nach kurzer Zeit tatsächlich mit einem Steinguttopf voll des herrlichsten Schmalzes aus der Tiefe des Schranks zurück.

„Auf Anhieb hast du es gefunden, mein Kleines", strahlte Dorothea.

Doris roch am Topf. „Na, ich weiß nicht. Riech mal."

Dorothea roch ebenfalls. „Ich denke, wir werfen das lieber weg."

„Oma, also ehrlich, jetzt mußt du selbst einsehen, daß du eine Haushälterin brauchst." Zum drittenmal fiel dieses unfreundliche Wort. Aber Dorothea bestand eigenwillig darauf, daß ihr keine andere Frau ins Haus käme.

Doris schaute sie fragend an.

„Na ja, ich mag das einfach nicht", erklärte Dorothea. „So was bringt immer Unruhe. Sie kramen überall in den Schubladen herum, sind neugierig, und am Ende muß man sich noch auf ihre Eigenheiten und Launen einstellen."

Das war wieder eine der typischen Ausreden von Teufels Großmutter. Doris wußte genau, daß F. H. und Dorothea früher einmal eine Menge Personal beschäftigt hatten. Und die Eltern ihrer Großmutter hatten sogar eine Köchin, wie Dorothea immer voll Stolz erzählte.

„Und was war mit der Köchin, als du noch klein warst?"

„Um Himmels willen, Kind, erinnere mich nicht daran. Die konnte ich nie leiden. Und dann noch die trampeligen Dienstmädchen." Plötzlich hatte Dorothea eine Erleuchtung.

„Dein Großvater lungert doch alle naselang hier herum. Wieso hilft der dir eigentlich nicht beim Aufräumen? Und mir? Der hat doch ohnehin nichts zu tun."

Doris war sich darüber im klaren, daß ihre Großmutter keine Witze machte. Irgendwie wollte sie F. H. an die Leine legen, zumindest aber unter Kontrolle kriegen.

„Opa trainiert doch die Jugendmannschaft in unserem Klub, da ist er unersetzlich."

„Er trainiert natürlich nur die Mädchenmannschaft", giftete Dorothea. Was auch stimmte. „Aber du hast recht", seufzte sie. „Durch meinen Kopf schwirren nur Boote. Nachts kann ich nicht einschlafen, weil ich in Panik gerate, daß wir die Termine nicht halten können. Stell dir vor, sogar das Nationale Olympische Komitee hat jetzt bei uns bestellt."

Doris fand das gar nicht so beängstigend.

„Was willst du denn, Omi, du baust eben die besten Boote."

Dorothea seufzte erneut. „Ja, und dann kommt irgendwann an einem sonnigen Dienstagmorgen der Grippevirus und macht alles zunichte."

„Ach, Omi, du übertreibst mal wieder maßlos."

Aber Dorothea hatte beschlossen, heute alles nur schwarzzusehen. Wahrscheinlich hatte das Chaos in der Küche diese niedergeschlagene Stimmung in ihr noch verstärkt.

„Nein, mein Schätzchen", ächzte sie schwer, „ich spüre so was, für Gefahren hatte ich schon immer einen siebten Sinn."

Trotz der kühlen Gefahren rauschte Dorothea bald darauf im offenen Porsche auf das Werftgelände. Doch halt: Es war nicht die Gefahr, die sie suchte, sondern sie hatte vergessen, wo der Hebel zum Schließen des Kabrioletts sich versteckte.

Die Mitarbeiter sahen es sofort: Der Porsche war bis an den Rand beladen mit Hunderten von Zitronen. Werkmeister Binnenbruck und alle anderen waren fassungslos.

Dorothea hielt an, erhob sich aus ihrem Fahrersitz, schaute über die Windschutzscheibe und ...

„Was glotzt ihr so! Vitamin C. Was soll's sonst sein?“

In Hettys Speisezimmer saß die Familie am Abendbrottisch.

„Herr Binnenbruck hat mich heute angerufen. Er hat so komische Andeutungen gemacht. Er schien sich große Sorgen um Mutter zu machen.“ Hetty nahm die Teekanne und schenkte Frank eine Tasse ein.

„Wegen der Grippe, Mami“, erklärte Doris.

„Was, wer hat die Grippe?“ Frank schaute interessiert von seinem wissenschaftlichen Abendbrotpensum auf. „Was für eine Grippe gibt's denn wo?“

„Na ja, Omi ist so ... na, wie soll ich sagen ... sie ist so ... eigentlich kümmert sie sich um nichts anderes mehr. Ich hab heute den ganzen Tag bei ihr staubgesaugt und saubergemacht.“

Friedrich traute seinen Ohren nicht.

„Wie bitte, du hast bei Oma saubergemacht? Wie kommt denn das? Bei Oma ist doch sonst immer alles pikobello.“

Dann erzählte Doris, daß Großmutter in letzter Zeit nur noch über die Werft rede, über das Nationale Olympische Komitee, über die neuen Boote und über die Grippe. „Ich hab ihr gesagt, sie soll sich auch eine Putzfrau nehmen wie du, Mami. Vielleicht solltet ihr mal mit ihr sprechen.“

Hetty vermutete, daß ihre Mutter sich in einer persönlichen Krise befand. Friedrich verstand das rein geschäftlich.

„In was für einer Krise?! Oma hat ihren Umsatz genau um achtzig Prozent gesteigert. Das hat sie selbst mit ihrem Computer ausgerechnet.“

Aber Hetty bestand auf einer persönlichen Krise.

„Bitte schön, warum sollte mich sonst der Binnenbruck anrufen?“

„Ja, warum denn?“ fragte Frank sein Eheweib.

„Weil sie heute nachmittag mit einem Zentner Zitronen in die Werft kam. Ich meine, vielleicht wird Mutter langsam wunderlich.“

Doris wußte genau Bescheid. „Vitamin C, Mami.“

Frank begriff sofort. Begeistert steuerte er an der Sache vorbei. „Genau, Doris, Zitronen haben in hohem Maße Vitamin C, ebenso Kartoffeln und Aprikosen.“

Hetty nahm den alten Faden wieder auf.

„Frank, wenn Mutter plötzlich in einem merkwürdigen Kampf gegen Erkältungskrankheiten mit einem Zentner Zitronen in die Werft rollt, dann denken ihre Mitarbeiter doch darüber ganz anders als wir. Wir kennen sie ja.“

Doch Frank fand seine Schwiegermutter höchst vernünftig. Welcher Unternehmer betrieb schon eine solch exzellente Vorsorge für seine Mitarbeiter? Aber Hetty wollte nichts davon hören.

„Wir sollten mal mit Opa reden“, sagten Doris und Friedrich wie aus einem Munde. Hetty nickte sorgenvoll bestätigend.

„Ja, genau, das wollte ich auch sagen.“

Mit Dorotheas Küche ging es steil bergauf. F. H. stand mit hochgekrempelten Hemdsärmeln in dem inzwischen schon leicht geordneten Chaos. Er hatte sich eine Schürze umgebunden und arbeitete an einem Geschirrberg.

Hetty und Friedrich öffneten die Tür.

„Ach, hier bist du, Vater.“ Hetty war ganz überrascht.

„Wir haben dich auf dem Tennisplatz gesucht“, lachte Friedrich frech.

F. H. hatte sich umgedreht und hielt eine riesige Geschirrbürste hoch. Seine Hände waren voller Schaum.

„Na ja, Doris hat mich angerufen und mich gebeten, im Haus mal nach dem Rechten zu sehen. So wie Doris' Stimme klang, bin ich sofort los. Es schien dringlich, und sie hatte recht."

Hetty warf einen entsetzten Blick in die Runde. „Das reinste Chaos. Wenn ich mir vorstelle, wie das früher war ... Da konnte man vom Boden essen."

Trocken fragte Friedrich, wer denn schon vom Boden essen wolle. Aber Hetty ignorierte ihn völlig und wandte sich erneut an ihren Vater.

„Ich muß mit dir reden. Mutter ist in den letzten Wochen so ..."

„... plemplem", ergänzte Friedrich. Hetty war selbstverständlich empört.

„Also, wie du sprichst, Junge. Kein Mensch hat so etwas gesagt."

„Aber gemeint habt ihr's, gib es nur zu", verteidigte sich Friedrich.

F. H. trocknete sich seelenruhig die Hände ab.

„Das ist doch ganz einfach. Meine liebe Dorothea ist zur Zeit sehr beansprucht. Da müssen wir eben helfen. Mir bricht bestimmt kein Zacken aus der Krone, wenn ich hier Ordnung mache."

Hetty bestand erneut auf einer Haushaltshilfe, aber F. H. wies sie darauf hin, daß seiner Exgattin Frauen im Hause zuwider seien.

„Das ist doch nicht normal", brauste Hetty auf. „Außerdem hat sie einen verrückten Zitronenfeldzug gegen Grippe in der Firma gestartet."

Was nun F. H. auch vernünftig fand. Er deutete auf einen steinernen Topf auf dem frisch gereinigten Küchentisch.

„Und ich habe Schweineschmalz für Hals- und Brustwickel besorgt. Das alte stank ja schon bestialisch."

Friedrich verzog bei dem Gedanken angewidert das Gesicht. Hetty gab nicht auf.

„Vater, begreif doch, Mutters Mitarbeiter lehnen sich schon gegen die Fürsorge auf. Sie werden streiken. Noch machen sich die Leute nur lustig, aber Binnenbruck hat mich schon angerufen."

F. H. bekam ein gefährliches Blitzen in den Augen.

„Was sagst du da?" murmelte er. „Die machen sich über meine Dorothea lustig? Ah ja, tun sie das?"

Auf dem Werftgelände stand mitten auf dem Hof ein Tisch und darauf ein riesiger Topf Schweineschmalz. Daneben lag eine Zitronenpresse, und auf dem Boden türmten sich unzählige Zitronenhälften. Die Gesundheitsaktion war in vollem Gang.

Die Mitarbeiter der Werft standen in langer Reihe vor dem Tisch und nahmen einer nach dem andern einen zitronensaftgefüllten Becher von Dorothea entgegen. Leute mit gerötetem Hals bekamen Schweineschmalz auf die Brust und auf den Hals geschmiert. Soeben kam der junge Nieser heran, der Binnenbruck bei seiner Virussuche schon aufgefallen war.

„Danke, Frau Teufel, wie wär's denn mit 'nem Bier?"

Dorothea blieb eisern. „Kommt gar nicht in Frage. Das Bier kannst du nach Feierabend trinken." Sie reichte ihm den vitaminreichen Trunk. Da nieste der Unglückliche.

„Prost", wollte Dorothea gerade sagen, als der junge Mann gleich noch einmal nieste. Dorothea erstarrte. Kämpferisch zog sie die Schultern hoch. Binnenbruck beobachtete skeptisch den Fortgang dieser Szene und war voll böser Vorahnungen.

Seine Chefin funkelte ihren Mitarbeiter an.

„Könnte es sein, daß du dich erkältet hast?"

Die Antwort war nur ein energisches Kopfschütteln.

Aber Dorothea forderte unnachgiebig: „Darf ich mal in den Hals schauen?“ Und schon hatte sie aus einer sterilen Plastiktüte einen kleinen Holzspatel genommen.

Binnenbruck fuchtelte erregt mit den Händen.

„Nein, um Gottes willen, hören Sie auf damit“, wollte er sagen, aber Dorothea beachtete ihn überhaupt nicht.

Der junge Mann wehrte sich entschieden gegen die Untersuchung.

„Also, Frau Teufel, bei aller Liebe. Ich habe meine Lehre bei Ihnen gemacht, und seit zwei Jahren arbeite ich hier als Geselle. Sie waren immer eine erstklassige Chefin, und die Arbeit macht Spaß. Aber das hier“ – er deutete auf den kleinen Holzspatel – „das geht einfach zu weit.“

„Aha“, begehrte Dorothea auf. „Das geht also zu weit. Und was ist mit der kleinen Zwischenfinanzierung für dein neues Auto?“ fuhr sie wunderbar unlogisch fort. „Wo hast du diese Zwischenfinanzierung geschnorrt? Doch nicht etwa bei einer Bank, was?“

„Danke für die Blumen, Chefin, hübscher kann man so was nicht vorgehalten bekommen“, fauchte der Geselle zurück. Aber Dorothea war mächtig in Fahrt.

„Und zinslos ist der Kredit obendrein. Los, ich möchte jetzt in deinen Hals sehen.“ Sie blieb unerbittlich . . .

Die Männer fingen an zu murren. Binnenbruck bat um Ruhe, und dann öffnete der junge Mann tatsächlich den Mund. Dorothea drückte den Holzspatel auf seine Zunge und schaute ihm tief in den Schlund.

„Na, ich hab's ja gewußt. Total gerötet. Du fährst sofort nach Hause.“

„Aber wieso denn?“ empörte sich der Patient.

„Weil ich nicht möchte, daß alle andern auch krank werden und am Ende die Arbeit ruht.“ Und dann blickte sie über ihre maulende Belegschaft hinweg.

„Vor den Toren unserer Stadt“, verkündete sie mit magischer Stimme, „lauert eine Epidemie.“

Zwischenrufe wurden laut: „Quatsch“ – „Ein Blödsinn“ – „Die soll sich um was anderes kümmern“.

„Jawohl, ein völlig neuer Virus“, wehrte sich Dorothea gegen das Gemecker. „So etwas ähnliches wie die anatolische Grippe. Ach, Kinder, ich meine es doch nur gut.“

Einer nach dem andern verließ den Tisch und ging wieder an seine Arbeit. Auch der Geselle drehte sich einfach um und ging zurück, ohne Dorothea weiter zu beachten.

Teufels Großmutter blickte völlig überrascht in die Runde. Nur Binnenbruck war in ihrer Nähe geblieben und zuckte resigniert mit den Schultern.

„Ich habe Sie gewarnt, Chefin.“

Dorothea setzte sich völlig niedergeschlagen auf einen Stuhl. „Aber ich meine es doch nur gut."

Der Meister setzte sich neben sie auf eine Ecke des Tisches.

„Zu gut, Chefin. Sie kümmern sich wirklich um jeden Dreck. Das ist auch gut so. Aber diesmal – ich muß es Ihnen ganz ehrlich sagen –, diesmal gingen Sie zu weit. Unsere Mitarbeiter sind doch keine Kinder."

Da brach Dorotheas Eigensinn erneut durch.

„Aber wieso denn? Die meisten haben doch hier gelernt und sind nach der Lehrzeit bei uns geblieben, weil ... weil ... Wir waren immer so ein solider Familienbetrieb ... Weißt du, daß ich bei jedem Kind dieser verantwortungslosen Schwachköpfe Taufpatin bin?"

Binnenbruck war aufgestanden und legte die Hände auf den Rücken.

„Ja, Chefin, weil die Sie alle lieben und verehren und weil Sie großzügige Patengeschenke machen."

Dorothea fiel wieder in sich zusammen. Dann deutete sie auf den Topf mit dem Schweineschmalz.

„Schaff das bitte weg, sei so gut."

Binnenbruck seufzte. „Chefin, warum kümmern Sie sich immer um alles? Wir arbeiten doch auch so gerne bei Ihnen."

Aber Dorothea ging in ihr Büro, ohne sich noch einmal umzublicken. Ihre Schritte waren müde, und auf einmal wirkte sie ein bißchen alt.

Binnenbruck schaute auf den Topf mit dem Schweineschmalz.

„Hier wird nichts weggeschmissen", murmelte er vor sich hin und packte auch die Zitronenhälften wieder ein. „Und wenn diesen Banausen Zitronenbäume aus den Ohren wachsen." Dann hob er seine Stimme und rief etwas zu laut: „Wer möchte Zitronensaft mit Vitamin C?"

Und schon kam der Mitarbeiter mit dem aufreizenden

Niesen herangeprescht, gefolgt von einem Kollegen. Beide tranken jede Menge sauren Saft mit großem Genuß. Man glaubte es kaum. Ihr Sträuben hatte wohl an Dorotheas Zwang gelegen. Beide schauten den deprimierten Werkmeister an.

„Ist sie jetzt sauer?“ fragte der Nieser.

„Ach, blöde Frage. Frag ich dich, ob du sauer bist oder dein alberner Zitronensaft?“

Dorothea bekam Besuch von Friedrich.

„Heute ist ausgesprochenes Grippewetter, Oma.“ Friedrich versuchte es auf die listige Tour.

Dorothea schaute ihren Enkel skeptisch an.

„Aha, was willst du?“

Friedrich war ganz unschuldig. „Ich komm nur so, Oma, wirklich, ich will nichts.“

Dorothea ächzte: „Na gut. Sag mal, Friedrich, ganz ehrlich, werde ich langsam – na ja – ältlich? Sonderbar?“

Friedrich tat völlig erstaunt. „Wer sagt denn so was?“

„Ich frage dich“, insistierte seine Großmutter.

„Ach, Quatsch.“ Friedrich setzte sich auf den bequemen Sessel vor Dorotheas Schreibtisch. „Immer, wenn wir etwas auf dem Herzen haben, kommen wir zu dir und fragen dich um Rat.“

Dorothea machte eine Miene, als ob sie nicht mehr so ganz daran glaubte. Da faßte sich Friedrich ein Herz.

„Darf ich dir mal was sagen, Oma?“

Dorothea machte eine zustimmende Handbewegung.

„Seit Wochen lebst du im Chaos; eigentlich schon im chaotischen Chaos. Kannst du mir folgen?“

Dorothea spitzte die Ohren.

„Du bildest dir Probleme ein, Oma. Die Boote werden alle fertig. Pünktlich auf den Tag, wie immer.“

Langsam kam Dorothea wieder auf Touren.

„Wieso bist du dir da so sicher, du kennst dich wohl in meinem Betrieb besser aus als ich?“

„Binnenbruck hat’s mir gesagt. Deshalb.“

Die Großmutter zog belustigt die Augenbrauen hoch. Aber Friedrich war noch nicht fertig.

„Oma, alle, die bei dir arbeiten, sind froh, diese Boote mitbauen zu dürfen. Die machen doch ganze Arbeit! Verstehst du, was ich meine?“ Friedrich holte tief Luft. „Also, Oma, wenn ich mal mit der Schule fertig bin, werde ich auch Boote bauen.“

Dorothea grinste erfreut.

„Erbschleicher!“

Friedrich grinste zurück.

„Aber ich lerne nicht bei dir. Ich gehe nach Hamburg, zu Witmer & Witmer.“

Dorothea nahm ihm das nicht krumm.

„Na, das werden wir ja sehen. Und wenn es sein muß, binde ich dich hier fest.“

Friedrich erhob sich und zog seine Großmutter mit beiden Händen vom Schreibtischsessel hoch.

„Komm, wir gehen zum Bootssteg, ein bißchen rumgucken.“

Dorothea sträubte sich zwar und behauptete, sie könne im Moment nicht weg. Aber Friedrich beharrte auf seinem Wunsch, und Minuten später schlenderten sie über den Bootssteg.

Es war natürlich wieder eine Heimtücke dabei. Am Ende des Bootsstegs wartete nämlich F. H. . . .

Dorothea klopfte sich mit dem Finger an die Stirn und ging auf ihren Exgatten zu. Natürlich gab dieser vor, als sähe er sie nicht. Er wandte ihr den Rücken zu und schaute aufs Wasser. Er schien intensiv die Segelboote zu beobachten.

Dorothea blieb hinter ihm stehen.

„Na, du Intrigant? Hast du Friedrich vorgeschickt, um mir zu sagen, was du mir sagen wolltest?“

F. H. drehte sich nicht um. „Exakt.“ Aber dann schaute er sie doch an und blinzelte ihr zu. „Ich hab auch frischen Salbeitee mitgebracht. Der ist ganz besonders gut gegen Grippe.“

Dorothea war schon fast besiegt.

„Danke“, flötete sie.

„Außerdem habe ich für jeden deiner Mitarbeiter eine Tüte Anisbonbons, ein kleines Kräuterkissen und Senfpflaster besorgt.“

„Die wollen das nicht, F. H., die lehnen das ab. Ich habe da meine Erfahrungen.“

„Deswegen hab ich den ganzen Mist ja auch gleich in die Mülltonne geworfen, nachdem ich ihn besorgt hatte“, klärte F. H. die Situation. „So, mein Schatz, und jetzt gehen wir beide auf einen Törn, auch wenn's mir schwerfällt.“

F. H. ergriff einfach Dorotheas Arm und zog sie auf ein Segelboot. Sie lösten die Leinen, und in kurzer Zeit kreuzten sie auf dem See. F. H. hielt sich tapfer ... am Großmast fest.

Friedrich beobachtete die beiden Alten vom Ufer aus. Was ihm überhaupt nicht gefiel, war, daß Großmutter Teufel für einen Segeltörn nicht richtig angezogen war.

Natürlich blieb die luftige Seefahrt nicht ohne Folgen. Dorothea ruhte am Abend in einem Plumeaugetümmel in ihrem Bett mit einem Schal um den Hals, und auf dem Tischchen neben ihrem Bett lag eine imponierende Sammlung von Tabletten, frischen Früchten und allerlei Pülverchen. Als sie ihre große Tasse mit dampfendem Kräutertee zum Munde führte, mußte sie so heftig niesen, daß der Tee überschwappte.

Es klopfte kaum merklich an der Tür; die Musik war wieder einmal so laut aufgedreht, daß man sogar eine

Heizkesselexplosion überhört hätte. Dorothea fühlte das Klopfen wohl mehr als sie es hörte. Sie schaltete gnädig die Stereoanlage aus und krächzte ein kaum vernehmbares „Herein".

Frank stand in der Tür.

„Wie geht es dir, Mutter?"

„Schlecht."

„Ich darf dir versichern", wollte Frank gerade loslegen, da unterbrach ihn die krächzende Stimme seiner Schwiegermutter: „Warum hat deine blöde Firma nichts gegen Grippe und Erkältungen erfunden? Was tust du denn den lieben langen Tag in deinem Labor?"

Frank schaute sie ernsthaft an.

„Ich entwickle gerade ein neues Wollwaschmittel."

Dorothea ächzte in ihren Kissen.

„So ein Quatsch, davon gibt es bereits genug."

Frank setzte sich aufs Bettende.

„Schnupfenmittel gibt es auch genug, und keins hilft. Ich bekomme mit meinem Waschmittel wenigstens die Wolle sauber. Was willst du mehr?"

„Das sag ich doch: Ich will einen durchschlagenden Schnupfenkiller. Komm lieber nicht so nah heran, sonst steckst du dich noch an."

Frank erinnerte sich lachend: „Furchtbar, wir mußten früher mit kaltem Wasser schnupfen. Und alle vier Stunden wurde die Bettwäsche gewechselt."

Das fand Dorothea nun sehr hart. Mit kaltem Wasser schnupfen? Und alle vier Stunden die Bettwäsche raus? Das erschien ihr zu umständlich.

„Lieber ersticke ich am Fieber, bevor ich kaltes Wasser in der Nase hochziehe." Dorothea hatte allein bei dem Gedanken ganz rote Augen bekommen.

Frank nickte begütigend.

„Ja, und deshalb habe ich dir jemand mitgebracht, der dir über die schweren Tage der Krankheit hinweghilft."

„Hier kommt mir niemand mehr ins Haus, weder F. H. noch Doris“, protestierte Dorothea.

Frank lächelte überlegen. Wie ein guter Arzt, der seinen Patienten hilflos darniederliegen sieht. Er öffnete die Tür, und eine stämmige Mittvierzigerin betrat das Zimmer.

„Darf ich dir Frau Sitiç vorstellen?“ Frank lächelte verbindlich, Dorothea blieb skeptisch.

Dann flüsterte Frank Frau Sitiç etwas Serbokroatisches zu, was Dorothea natürlich nicht verstand und was die Spannung also nicht gerade auflöste.

Dabei war es gar nichts Aufregendes, was er Frau Sitiç zuflüsterte. Es hieß lediglich: „Darf ich Ihnen meine Schwiegermutter, Frau Dorothea Vollmer, genannt Teufel, vorstellen?“ Frank hatte einmal in einem Jugoslawienurlaub ein paar Brocken Serbokroatisch gelernt.

Sofort begann Frau Sitiç ihrer neuen Aufgabe gewissenhaft nachzugehen. Sie schüttelte die Kissen auf, zupfte die Decken zurecht und begann das Pflegeprogramm mit einem beruhigenden serbokroatischen Wort.

Dorothea ließ alles mit sich geschehen. Sie war der Überrumpelung völlig hilflos ausgeliefert.

Diese Gelegenheit nutzte Frank, um sich diskret zu verdrücken.

Unten in der Halle lauerte der Rest der Familie.

„Na, hat's geklappt?“ drängelte sich Friedrich neugierig vor.

Frank gab seinen Lieben einen sehr gerafften Lagebericht.

„Es geht ihr schlecht, aber es ist nichts Ernstes. Zu Frau Sitiç kann sie noch nichts sagen, weil die Sprachbarrieren noch nicht überwunden sind.“

Friedrich düste mit seinem Motorroller auf den Werfthof. Scharf bremste er vor Binnenbruck, stieg ab und übergab ihm einen Brief.

„Soll ich Ihnen von meiner Oma geben."

Der Meister betrachtete den Umschlag sehr kritisch.

„Irgendwas wie Dispositionen für die nächsten zehn Tage; wer was wann machen soll", erklärte Friedrich hilfsbereit.

Binnenbruck schüttelte verständnislos den Kopf.

„Das weiß ich doch auch. Warum ruft sie denn nicht an?"

Friedrich klatschte vergnügt in die Hände.

„Frau Sitiç hat ihr das Telefon entrissen."

Der Werkmeister nickte anerkennend. „Das nenne ich saubere Arbeit."

Frau Sitiç umsorgte und bemutterte Dorothea mit einer Selbstaufopferung, die schon ans Mystische grenzte. Es wäre gelogen, würde man behaupten, Dorothea hätte diesen hingebungsvollen Gluckendienst genossen. Vielmehr ging er ihr ziemlich auf die Nerven.

Frau Sitiç ließ das jedoch völlig gleichgültig. Ohne mit der Wimper zu zucken, egal wie aufreizend giftig Dorothea sie anschaute und Krampus knurrte, pflegte sie sie behutsam, geduldig, fürsorglich, liebevoll, allerdings auch profihaft, wie die erkältungsängstlichen Japaner mit einem sterilen Mundschutz vor dem Gesicht.

Am Mittwoch nachmittag flößte sie Dorothea gerade ein Glas heiße Zitrone ein, wobei die Großmutter sich den Mund verbrannte. Dorothea krächzte wie ein verstörter Rabe, dem man auf die Schwanzfedern getreten hatte.

„Sie bringen mich ja um!"

„Nemja problema", war die leise, scheinbar gefühllose Antwort.

Dorothea wühlte sich hektisch aus den Kissen. Sie brüllte: „Ich brauche mein Telefon, sonst werde ich verrückt."

„Nemja problema."

Dorothea ergab sich kurzfristig und schlürfte die Zitrone. Langsam begann sie zu ahnen, was ihre Mitarbeiter mitgemacht haben mußten, als sie selbst keinen Widerspruch duldete.

Da klingelte unten in der Halle das Telefon. Dorothea stand sofort unter Dampf.

„Ha, mein Telefon! Hören Sie? Es klingelt. Ich muß hier raus." Und schon machte sie Anstalten, aus ihrem Pflegetrauma auszubrechen. Sie wurde sofort sanft in die Kissen zurückgedrückt.

„Nemja problema."

F. H., der sich wieder einmal eingeschlichen hatte, ging ans Telefon und redete Belangloses.

Dorothea ächzte: „O Gott, laß diesen Zitronenkelch an mir vorübergehen." Aber nein, er ging nicht an ihr vorüber.

„Nemja problema."

Sie mußte trinken!

Unten in der Halle ging erneut das Telefon, und F. H. sagte: „Ja, Herr Binnenbruck, ich werde es ihr sagen – doch, sie muß das ernstgemeint haben – ganz klar, natürlich – bis dahin ist sie wieder klar, Chef – selbstverständlich – guten Tag, Herr Binnenbruck."

Dorothea hatte natürlich alles mitbekommen und wollte quer durch das Haus brüllen. Aber sie konnte nur krächzen: „F. H.", und die Stimme versagte ihr. Hilflos flüsternd bat sie Frau Sitiç um Gnade.

„Bitte, ich will nur meinen Mann sprechen."

„Ihr Mann – nemja problema."

Wütend wiederholte Dorothea diese verdammten serbokroatischen Vokabeln: „Nemja problema – nemja problema! Wissen Sie was? Sie sind entlassen!"

Dann sank sie schlaff in ihre Kissen zurück. Sie fühlte sich immer noch krank und fand plötzlich, daß Frau Sitiç recht hatte. Gerade wollte sie in einen tiefen Gesundheitsschlaf fallen, da kratzte Krampus an der Tür. Er wollte in den Garten.

Dorothea fuhr aus ihren wirren Träumen hoch und deutete wortlos zur Tür. Im selben Moment klopfte es. Dorothea hauchte ein „Bitte herein“, und der Himmel war ihr gnädig – Frau Sitiç öffnete tatsächlich die von innen abgeschlossene Tür.

F. H. betrat das Schlafzimmer. Das heißt, er drückte erst einmal den Fuß zwischen Tür und Schwelle, und sogar Krampus setzte seine Vorderpfote daneben.

„Dürfen wir?“

Frau Sitiç's Druck gegen die Tür ließ etwas nach. Aber sie machte doch ein sehr abweisendes Gesicht. Dorothea krächzte ein flüssiges „Nemja problema“.

F. H. drückte die Tür auf und Krampus an die Seite. Endlich war er im Zimmer.

Krampus sprang sofort ins Bett. Da allerdings verlor Frau Sitiç die Fassung, worauf Krampus plötzlich einen sehr ausgeprägten Schmerz im hinteren Teil seines mächtigen Körpers spürte.

Er schaute die serbokroatische Urgewalt mit der ganzen Fassungslosigkeit eines geliebten und verwöhnten Schoßhundes an.

Frau Sitiç zerrte Krampus am Schwanz. Doch fünfundneunzig Kilo Bernhardiner sind schwer zu zerren.

Da kam dem Tier auch schon der Mensch zu Hilfe. F. H. tätschelte Frau Sitiç beruhigend die Hand und führte sie galant am Arm zum Schlafzimmer hinaus.

Ihrem verliebten Blick zufolge vergaß Frau Sitiç augenblicklich die Welt um sich herum. Auch für sie war F. H. ein Traummann. Die Welt um sie versank ... Schon stand sie draußen auf der Treppe, und irgendein Engel schloß die Schlafzimmertür von innen zu.

„Süßholzraspler“, hörte man ein zärtliches Krächzen aus den Kissen.

F. H. strahlte seine Patientin an. „Nemja problema.“ Dann erzählte er ihr, daß Binnenbruck am Telefon gewesen sei und sie, Dorothea, unbedingt am kommenden Mittwoch wieder auf den Beinen sein müsse.

„Aber warum denn?“ hauchte es aus den Kissen.

„Weil Binnenbruck am Mittwoch einen Betriebsausflug unternimmt. Bis Donnerstag. Mit Übernachtung.“

Schon schoß Dorothea senkrecht aus den Daunen empor.

„Einen was? Ohne mich zu fragen?“

„Beruhige dich, geliebtes Weib, er hat *mich* gefragt.“

Dorothea fiel wieder zurück.

„Was hast du denn für eine Ahnung von unseren Terminen! Was sagst du? Zwei Tage Betriebsausflug? Also, wenn man die Männer mal sich selbst überläßt ...“

Schon war sie wieder hochgeschnellt und hatte einen Fuß aus dem Bett gestreckt.

F. H. drückte sie liebevoll an Krampus' Seite zurück. Binnenbruck hätte gemeint, die Termine seien kein Problem und ein Betriebsausflug sei nach all dem Streß genau das Richtige.

„Meint Binnenbruck“, flüsterte Dorothea tonlos.

„Ich habe es ihm ein bißchen eingeredet“, lächelte F. H. seiner widerspenstigen Patientin zu.

„Und ich werde sehr schnell wieder gesund, wenn du meine Firma ruinierst.“ Das war ein Satz, den sie zwar nicht sagte – aber F. H. las ihn ihr gewissermaßen von der Stirn ab.

„Ruiniert dich dieser Betriebsausflug wirklich?“

Dorothea schaute ihren Exgatten waidwund an.

Da klopfte es. Dorothea hechtete aus dem Bett und riß die Tür auf.

Im nächsten Augenblick ergoß sich eine Kaskade aus

Hunderten von Zitronen ins Schlafzimmer. Dahinter tauchten Dorotheas geliebte Enkelkinder auf und die strahlenden Gesichter der gesamten Werftbelegschaft.

„Fünfhunderteinundsiebzig Zitronen", brüllten sie im Chor, und „gute Besserung" wurde auch noch gewünscht. Man hatte das Gefühl, daß sogar Krampus lachte. Oder war es Dorothea? So genau war das nicht auszumachen zwischen Decken, Daunen, Kissen, Spitzen, Socken, Schals und Taschentüchern.

Wie sollte es anders sein: Natürlich fand der Betriebsausflug statt. Und alle fanden ihn hinreißend. Tausende von Eindrücken schwirrten in den Köpfen unserer Ausflügler. Hafenschlepper, Königswalzer, Fontänenfeuerschiffe und der Geruch von Hering und Salzwasser. Oder waren es Sprotten? Unwichtig! Man amüsierte sich nach Herzenslust: in Hamburg.

Fröhlich standen Dorothea – natürlich wieder im glockenhellen Vollbesitz ihrer Stimme –, Friedrich und Doris in einer Telefonzelle am Hafenkai.

Mit Phonstärke elf schrien sie in die Hörermuschel, so daß jeder interessierte Stadtbesucher, Matrose oder Kapitän innerhalb der Hafenanlage am Gespräch teilhatte.

„Es tut uns furchtbar leid, ganz bestimmt. Alle im Hafenviertel machen ein betrübtes Gesicht."

Dorothea telefonierte mit F. H., der zu Hause bleiben mußte. Er hütete das Bett mit einer schweren Grippe.

Dorothea machte ihm den Mund wäßrig.

„Erst haben wir eine Hafenrundfahrt gemacht, das war ja klar. Dann haben wir ein Fischessen veranstaltet. Dazu gab's ziemlich viel Bier und Schnaps. Ja, mein Schatz, es tut mir wirklich leid, daß du nicht mitkommen konntest."

„Uns auch", raunte es durch den Hafen, denn vor

der Telefonzelle standen die ziemlich angesäuselten Mitarbeiter der Teufel-Werft.

Als F. H. endlich auch etwas sagen konnte, klang es logischerweise ziemlich verschnupft.

„Ja, schwirre nur mit den Kindern durch die Gegend, du untreues Weib. Hier geht alles klar. Hetty kommt zweimal am Tag vorbei. Ach, was ich noch sagen wollte, Schatz: Wenn deine Jungen von der Werft Probleme kriegen – und das werden sie –, die Davidswache anrufen! Die kennen sich mit Problemen aus. Tschüs, Schatz." F. H. legte den Hörer auf und nieste, daß die Fenster klirrten.

Dann konnte man Dorothea, Doris und Friedrich an der Alster begegnen. Sie spazierten langsam dahin; ganz in der Nähe eines Jachtclubs.

Abfällig wies Dorothea auf die am Bootssteg liegenden Boote. Sie schüttelte nur den Kopf. Auch Doris und Friedrich konnte man ansehen, daß sie von diesen Booten absolut nichts hielten. Es waren natürlich Witmer-Boote.

So schlenderten sie unermüdlich durch die Stadt, betrachteten die Auslagen der Geschäfte und betraten letztere auch, ohne zu zögern. Nach Stunden kamen sie wieder heraus, völlig neu eingekleidet. Dorothea liebte es, einzukaufen. Ihr ganzes Leben lang schon. Besonders für andere.

Dann stürmten die drei, bepackt mit unzähligen Tüten und Taschen, in ein Terrassencafé und ließen sich an einem kleinen Tischchen nieder.

Sie wollten natürlich etwas typisch Hamburgisches, etwas, was man in Berlin nicht bekam. Der Kellner empfahl Alsterwasser.

Friedrich schaute Doris an, Doris schaute Friedrich an und Dorothea den Kellner.

„Alsterwasser“, wiederholte der.

Friedrich war sich nicht ganz sicher. Doris auch nicht. Dorothea schwankte.

„Das ist Bier mit Limonade“, erläuterte der Kellner.

Die Kinder bestellten, Dorothea nicht; sie trank eine Zitronenlimonade. Das war die Macht der Gewohnheit!

Vom Café aus zogen die drei noch hierhin und dahin, bis sie schließlich auf der Reeperbahn landeten.

Die Ampel des Fußgängerüberweges schaltete auf Grün. Dorothea und ihre Enkelkinder marschierten auf die gegenüberliegende Straßenseite, wo viel Leuchtreklame und wenig Leute zu sehen waren.

„Das war wunderschön. Das müßt ihr alles eurer Mutter erzählen“, schwärmte die völlig wiederhergestellte Dorothea.

„Klar doch“, stimmte Friedrich zu.

„Aber die Reeperbahn lassen wir weg“, schlug Dorothea vor. Die Kinder protestierten.

Dann stürzten sie sich ins Abenteuer. Mit der ganzen Vorstellungskraft dreier Provinztouristen warteten sie jeden Augenblick darauf, überfallen oder gekidnappt zu werden. Sie hielten sich fest an den Händen und wunderten sich bei jedem Schritt, daß nichts geschah. Aber am Ende kamen sie doch noch auf ihre Kosten.

Nicht, daß jemand sie packte und entführte, Dorothea wurde auch nicht die Handtasche entrissen – lediglich Binnenbruck flog ihnen in hohem Bogen vor die Füße.

So klein ist die Welt! Gerade als Großmutter und Enkelkinder eine Neppbar passierten, hatte der Rausschmeißer Binnenbruck losgelassen. Der war ziemlich hinüber.

Dorothea blickte nach unten. „Hab ich mir's doch gedacht.“

Dann half Friedrich dem Werkmeister erst mal auf die Beine.

„Und wo sind die andern?“ fragte Dorothea und hielt Ausschau, ob sie nicht noch ein vertrautes Gesicht entdeckte.

„Welche andern?“ fragte Binnenbruck etwas mühsam.

„Na, die Jungs.“

Werkmeister Binnenbruck versuchte sich zu erinnern.

„Die andern schlafen, Chefin, alle.“

Friedrich wollte es genauer wissen. „Wo?“

„Im Hotel“, beteuerte Binnenbruck. Doris und Friedrich schüttelten skeptisch den Kopf. Dorothea ging zum Straßenrand und pfiff wie ein Gassenjunge auf den Fingern nach einem Taxi. Der Fahrer kurbelte das Fenster runter.

Dorothea deutete auf den benebelten Binnenbruck. „Ach bitte, seien Sie so nett und bringen Sie unseren Freund ins Hotel Eden.“ Sie reichte ihm einen Zwanzigmarkschein.

Doris und Friedrich halfen Binnenbruck in die Droschke. Dorothea begehrte noch den Weg zur Davidswache zu wissen. Der Taxifahrer wußte natürlich Bescheid. Dann brauste er mit Binnenbruck auf dem Rücksitz los.

Kurze Zeit später waren die drei vor der Davidswache eingetroffen. Dorothea betrat entschlossen die Polizeistation. Die Kinder folgten ihr beklommen.

Der Beamte fixierte die Gruppe prüfend und schloß in seinen Überlegungen nicht aus, daß die drei etwas auf dem Kerbholz haben könnten.

„Ich bin Dorothea Teufel“, trompetete die Großmutter selbstbewußt.

„Aha, dann sind Sie die Chefin dieser Bande?“ begann der Beamte das Verhör.

Doris und Friedrich waren entzückt, daß ihre Großmutter sich auf der Wache so gut eingeführt hatte.

„Ja“, plusterte sich Dorothea auf, „und das sind meine Enkelkinder. Ich habe berechtigten Grund zu der Annahme, daß meine Mitarbeiter – zumindest einige von ihnen – Ihnen auch nicht unbekannt sein dürften.“

„Wir lieben Betriebsausflüge, Frau Teufel“, lächelte der Beamte undurchsichtig. „Ihre Mitarbeiter haben Sie, liebe gnädige Frau, den ganzen Tag über gesucht.“

„Das gibt's ja nicht“, staunte Friedrich fassungslos.

„Wo denn?“ fragte Doris.

„Also, Frau Teufel, wenn Sie pro Person fünfundvierzig Mark für die Ausnüchterungszelle bezahlen, können Sie Ihre Jungs gleich mitnehmen.“

Dorothea war ein bißchen bestürzt.

„Sind sie etwa alle hier?“

„Nein“, meinte der Beamte routinemäßig, „zwei mußten wir ins Krankenhaus bringen.“

„Oh“ – Dorothea war sehr überrascht.

Der Beamte erklärte sachlich: „Ich glaube, man wollte sie in eine gewisse Spelunke nicht reinlassen. Aber keine Sorge, nur Platzwunden, Prellungen, das Übliche.“

„Ah ja, das Übliche. Und wo sind sie?“ Dorothea war nun auch schon ganz Routine.

„Im Hafenkrankenhaus“, informierte sie der Polizist.

„Gut, ich zahle. Ich werde mich um alles Weitere kümmern.“

Dann hob der Beamte den Finger und zögerte.

„Einen müssen wir allerdings hierbehalten.“

Dorothea zog fragend die Augenbrauen hoch.

„Na ja, der hat an der Alster ein Segelboot geklaut.“

Das war nun für Friedrich völlig unverständlich.

„Was? Einen dieser lahmen Witmer-Kähne?“

Der Beamte grinste. „Na ja, deswegen haben ihn die Segler vom Jachtklub Rot-Blau auch so schnell gekriegt.“

Dorothea war sicher, daß das nur der kleine Wirrkopf Sebastian Winter gewesen sein konnte.

„Ein Dummejungenstreich", spielte sie den Vorfall herunter.

Friedrich mischte sich wichtigtuerisch ins Gespräch ein.

„Wissen Sie", sagte er, „ein Boot der Konkurrenz. Meiner Großmutter gehört nämlich auch eine Bootswerft."

Die Augen des Beamten leuchteten.

„Ach, bauen Sie etwa die Teufel-Boote?"

Doris sah ihre Chance und protzte: „Ja, das tun wir."

Das wirkte. Der Beamte überlegte einen Moment, ging dann zu einem zweiten Polizisten – offensichtlich sein Vorgesetzter – und flüsterte mit ihm. Der hörte sich das an, blickte kurz vom Schreibtisch hoch, betrachtete Dorothea Teufel und ihre Enkelkinder, schüttelte den Kopf, deutete dann in die hinteren Räume und unterschrieb einen Zettel, den der bootskundige Polizist am Ende dieser Odyssee wieder mit nach vorne zur Theke brachte.

Er flüsterte verschwörerisch: „Wir sind der Meinung, daß sich das Boot mit Ihrem Sebastian Winter ja möglicherweise auch losgerissen haben kann, als der Junge es besichtigen wollte."

Das klang nicht schlecht.

Dann flüsterte er noch leiser: „Außerdem ist noch kein Strafantrag von Rot-Blau gestellt worden."

Dorothea senkte ihre Stimme zu einem Zischen.

„Rot-Blau hat zwei Boote bei mir bestellt. Für eine pünktliche Lieferung könnte ich nicht mehr garantieren ..."

Der Beamte hauchte: „So grausam sind Sie nicht wirklich!"

Dorothea nickte, Friedrich nickte, Doris nickte.

Am Tag darauf ging alles seinen üblichen Gang. Auf der Werft wurde wieder gearbeitet. Nur einige Männer trugen Pflaster auf der Stirn oder quer über der Nase, einer sogar schräg am Kinn. Mehrere arbeiteten mit einem kleidsamen Kopfverband. Nur einer war unverletzt: der kleine Sebastian Winter. Eifrig schliff er mit einer Schleifmaschine am Lack eines Bootsrumpfes herum.

Dorothea trat auf ihn zu.

„Na, geht's wieder, Sebastian?“

Sebastian nickte. Ihn hatte es irgendwie anders erwischt. Er mußte niesen. Heftig. Und sechsmal hintereinander.

„Gesundheit“, lächelte Dorothea milde und verschwand in Richtung Büro.

Die Vermählung ist nicht das letzte Kapitel

Ein Samstagmorgen. Friede lag über Dorotheas Schlafzimmer. Ab und zu hörte man ein dezentes großmütterliches Schnarchen.

Krampus wollte sich eben noch einmal in eine ganz besonders bequeme Lage drehen, um wohlig weiterzuschlafen, als ihn ein höllischer Lärm und der Lichtkegel eines starken Scheinwerfers aus seinen Hundeträumen weckten.

Es war ein amerikanischer Staubsauger. Nicht nur Krampus fühlte sich empfindlich gestört, auch Dorothea wurde jäh aus dem Schlummer gerissen.

Doris fegte staubsaugerschwingend durch das Schlafzimmer, und das zu einer völlig wahnwitzigen Tageszeit. Es war nämlich erst sieben Uhr. Doris hatte die großartige Idee, wieder mal bei ihrer geliebten Großmutter sauberzumachen.

„Um Himmels willen“, jammerte Dorothea noch immer sehr verschlafen und setzte sich auf. Krampus hatte bereits demonstrativ das Schlafzimmer verlassen. Dorothea hielt sich die Ohren zu. Mozart war besser als Staubsaugen.

Als Doris endlich dieses Monster abstellte, hörte man wohlgesetzte Beilschläge.

„Was ist denn das?“ fragte Dorothea.

„Opa hackt im Garten Holz – wegen seiner Vitalität“, verkündete Doris. Mit einem Satz war Dorothea aus den Federn.

„F. H. hackt Holz? Um Himmels willen, der bringt sich doch um!“

Doris hielt ihre Großmutter fest.

„Laß nur, Omi, Opa macht das sehr gut.“

Zur selben Zeit standen Frank und Friedrich im Flur von Hettys Wohnung und begutachteten das strahlend neue Weiß der Decke, dic sie selbst gestrichen hatten. Es sollte eine Überraschung für Hetty sein.

Die Decke war weiß, die Auslegeware des Flures ebenfalls. Nur eben gesprenkelt.

„Wunderbar", lobte sich Frank.

„Nicht zu beschreiben, wie schön", pflichtete ihm Friedrich bei.

Frau Sitiç, die zweimal pro Woche bei Hetty putzte, kniete bereits auf dem Boden und bemühte sich, die weißen Sprenkel aus dem dunklen Teppichboden zu entfernen. Sie warf einen höhnischen Blick auf die beiden Künstler.

„Was wollen Sie denn, es ist doch wirklich fabelhaft gelungen. Und den Rest kriegen wir auch noch hin. Erst das eine und dann das andere." Frank und Friedrich waren sich völlig einig.

Frau Sitiç schwieg vielsagend.

In diesem Augenblick fegte Hetty durch den Flur in Richtung Korridortür. Sie trug eine Reisetasche.

„Ein schönes Wochenende wünsche ich euch allen. Ich bin bei Mutter."

Das war alles, was sie sagte, obendrein noch sehr spitz, und schon war sie draußen.

„Mami versteht es gar nicht, sich anzupassen. Das ist einfach ihr Problem", beurteilte Friedrich die gespannte Lage in sehr schulmeisterlichem Ton. Frank dachte nach.

„Vielleicht gefällt ihr die Farbe nicht, die wir unter die Decke gepinselt haben. Vielleicht ist sie zu eindeutig, einfach zu ordinär. Vielleicht wäre ein gebrochenes Weiß besser gewesen."

Im Park der Villa Dorothea hörte man immer noch den professionellen Takt der Beilschläge. F. H.'s Eifer ließ auf einen langen, sibirischen Winter schließen, das Kaminholz stapelte sich bereits mannshoch.

Dorothea kam in den Garten geschlendert. Ein paar Schritte hinter F. H. blieb sie stehen und beobachtete ihn, wie er sich vor jedem Schlag dreimal kräftig die Lungen vollpumpte, ausatmete, einatmete und schließlich beim Schlag wie mancher professionelle Tennisspieler beim Aufschlag laut aufschreiend die Luft aus den Lungen stieß.

Immer noch sagte Dorothea kein Wort. Natürlich spürte F. H. schnell, daß Dorothea hinter ihm stand und ihn beobachtete.

Schließlich wandte er sich um, blickte in ihr entnervend gleichmütiges Antlitz und erklärte ihr ein ganz klein wenig außer Atem: „Winston Churchill hat sich auch mit Holzhacken seine Spannkraft erhalten."

Dorothea schüttelte den Kopf. „Nein, Winston Churchill hat Zigarren geraucht wie jeder anständige alte Mann."

Ein freches Weib, dachte F. H. und trotzte zurück: „Aber Kaiser Wilhelm hat Holz gehackt."

„Ja, weil er als Kaiser nichts taugte", lautete Dorotheas ungerührte Antwort. Dann schob sie F. H. vom Holzklotz weg, nahm ihm das Beil aus der Hand und schlug gekonnt ein Stück Holz entzwei. Sehr lässig, ohne Aufschrei, ohne Einatmen, einfach so. Dann gab sie F. H. die Axt zurück.

„Ich finde es großartig, daß du dich für deine Endvierzigerinnen fithalten willst, mein Schatz."

F. H. nahm diese Spitze gelassen hin. Was sollte er sich in seinem Alter noch über die Keckheit seiner geliebten Dorothea aufregen? Er hackte weiter, und es gelang ihm ein ausnehmend eleganter Schlag. Das Holz sprang in hohem Bogen in zwei absolut gleiche Teile.

Dorothea würdigte dieses Meisterstück keines Blickes und ging zum Haus zurück.

In diesem Augenblick kam Tochter Hetty, die leichte Reisetasche im Arm, in den Garten und steuerte auf ihre Eltern zu. Sie war ziemlich in Fahrt, und man konnte ihr durchaus zustimmen in ihrer Meinung, daß man die Hausfrau wenigstens fragen sollte, wenn man ihr mit einer Malerkatastrophe eine Freude machen wollte.

F. H. griff wieder zum Beil.

„Wie man's macht, ist es verkehrt", sagte er, und dann hackte er neues Kaminholz.

Dorothea legte den Arm um Hettys Schulter und zog sie ins Haus. Ihre beruhigenden Worte, daß man nur mit Gelassenheit über den Dingen stehen könne, überzeugten Hetty ganz und gar nicht.

„Aber wenn sie meine Wohnung ruinieren, dann bin ich doch kein Perfektionist, wenn ich mich darüber aufrege“, schniefte sie, und ein paar wütende Tränen liefen ihr über die Wangen.

„Liebe Hetty, jeder geistig tätige Mann muß sich irgendwann einmal praktisch erproben.“ Dorothea deutete wortlos mit dem Daumen über die Schulter. Solche Versuche enden häufig in einer Katastrophe.“

Nun nickte Hetty.

Dorotheas kluge Betrachtungen waren kaum ausgesprochen, da ertönte ein fürchterlicher Aufschrei. Dorothea verkniff sich ein „Es kommt immer, wie es kommen muß“, raste aus dem Haus und brüllte noch, Hetty solle doch sogleich den Notarzt anrufen.

Hingestreckt auf den Gartenboden lag F. H. Mutter Natur war so gütig gewesen, ihn gleich nach dem vernichtenden Schlag in Ohnmacht fallen zu lassen.

Bereits fünf Minuten später hielt der Notarztwagen mit heulender Sirene vor dem Haus. Armer F. H.! Wie er es geschafft hatte, sich mit einem einzigen Schlag in beide Hände zu hacken, war dem Operationsteam des Hospitals ein Rätsel, das bis heute nicht gelöst werden konnte.

Dorothea wartete in der Halle des Krankenhauses. Mit ihr Hetty, und beide gedachten ihres geschundenen Holzhackers. Der Rest der Familie, nämlich Friedrich, Frank und Doris, wartete in Dorotheas Haus und blickte wie gebannt abwechselnd auf die Eingangstür und zur Wanduhr. Ein schlimmer Unfall? Keiner wußte Genaues.

Friedrich hielt es für das beste, ein bißchen Konversation zu machen und die Familie abzulenken. Frank ging sofort darauf ein.

„Mutti wird sich freuen, daß ich einen neuen Teppichboden spendiere. Der alte paßte farblich sowieso nicht zur Decke.“

Doris nickte.

Da kam Hetty aus dem Krankenhaus zurück.

„Es wird alles wieder in Ordnung kommen“, verkündete sie der bangenden Familie.

„Gott sei Dank“, jubelte Doris.

Frank schlug einen hellgrauen Teppichboden vor. Grau, das würde beruhigen. Friedrich wollte gerade seine Zweifel über das Grau anmelden, da fuhr Hetty ihn gereizt an: „Könnt ihr nicht endlich still sein? Wenn ich an meine Wohnung denke, könnte ich vor Zorn in die Luft gehen. Und dann noch das mit Vater. Wieso muß er auch Holz hacken? Früher hat das immer Mutter gemacht.“

Also schwieg man weitere fünf Minuten ehrfurchtsvoll und wartete auf Dorothea.

Endlich hatte das Warten ein Ende. Ein Wagen kam die Auffahrt hochgefahren. Alle sprangen auf und eilten zur Tür.

Doris rannte in die Dunkelheit hinaus, denn es war inzwischen Nacht geworden, kam aber sofort erschrokken zurück. Ängstlich faßte sie ihre Mutter bei der Hand. Friedrich runzelte in böser Vorahnung die Stirn. Dann wurde das Elend sichtbar.

Stumm, aber nicht ohne eine gewisse Feierlichkeit betrat F. H. in Bademantel und Schlafanzug das Haus. Er hielt beide Hände weit von sich gestreckt. Nicht, weil es ihm Spaß machte, sondern weil es nicht anders ging. Seine Hände steckten in dicken, unförmigen Gipsverbänden. Ernst, mit der Würde eines Kardinals, blieb er mitten in der Halle stehen und musterte seine Familie.

Alle starrten ihn fassungslos an. Man hatte das Gefühl, daß gleich ein Wunder geschähe.

Das Wunder beschränkte sich jedoch auf Dorothea, die nun auch zur Haustür hereinkam und verkündete: „Er sollte eigentlich fünf Tage in der Klinik bleiben.

Aber F. H. hat sich so sehr gesträubt, daß man einen folgenschweren Kollaps befürchtete und obendrein einen ziemlich gewöhnlichen Skandal."

Doch F. H. ließ sich nicht einschüchtern.

„Ich habe keine Lust, dort nutzlos rumzuhängen und mir dann von jedem hergelaufenen Besucher dämliche Fragen stellen zu lassen." F. H. war schon sehr geladen. Er konnte, derartig eingegipst, seinen Zorn zwar schlecht ausleben, aber immerhin rollte er noch bedrohlich mit den Augen.

In diesem dramatischen Augenblick stellte Doris eine an und für sich recht praktische, aber völlig unpassende Frage: „Wie gehst du denn jetzt aufs Klo, Opa?"

F. H. war über diese Taktlosigkeit seiner Enkeltochter erschüttert. Er schaute sie lange an, voller Zweifel, ob sie sich nicht in jugendlichem Leichtsinn zu einem ironischen Späßchen hatte hinreißen lassen. Dann schwebte er in einer wohlausgewogenen Mischung aus Demut und Entschlossenheit an seiner Familie vorbei zu Dorotheas Zimmer. Die Klinke öffnete er mit dem Ellenbogen; mit dem Fuß knallte er die Tür hinter sich zu und hatte es auf diese Weise geschafft, wieder im alten Ehebett zu landen.

„Das war's dann wohl", bemerkte Friedrich kurz.

Hetty versuchte, Frieden zu stiften. „Ich bin ja da, Mutter, ich kann ja helfen."

Dorothea überlegte, wie sie ihren schwerbehinderten Ex-Ehemann aus ihrem Bett herausbekäme. Eine Lösung fiel ihr nicht ein. Deswegen beschloß sie, den Abend zornig zu beenden, und fauchte ihre Tochter an: „Du, was weißt du überhaupt! Du gehörst zu deinem Mann und zu deinen Kindern, wie ich zu meinem Mann gehöre."

Das letzte war natürlich ein Ausrutscher. Aber immerhin – die Worte einer Löwin. Da war nichts mehr zu erwidern. Schweigen senkte sich über die Familie.

Ein schöner, ausgefüllter Tag ging zu Ende.

Dorothea schlief auf einer Couch. F. H. tat während der ganzen Nacht kein Auge zu.

Der nächste Morgen ließ alle Unstimmigkeiten vergessen. Doris kam schon recht früh, und sie und Dorothea widmeten sich den praktischen Dingen des Lebens.

Zeit seines Lebens war F. H. Naßrasierer gewesen. Dorothea und Doris wollten nicht, daß er auf diese Annehmlichkeit verzichten mußte, und übten deswegen an Luftballons das Naßrasieren. In einer Seifenschale rührte Dorothea nach altmodischer Art mit einem Rasierpinsel sahnigen Seifenschaum an. Sie prüfte gewissenhaft, ob er ihren hohen Ansprüchen genügte. Dann klatschte sie ihn auf den Luftballon.

Doris reichte Dorothea das Rasiermesser, das sie vorher kunstgerecht geschärft hatte. Dabei hielt sie den Luftballon in der richtigen Höhe, und dann – dann setzte Dorothea den ersten Strich. Sofort knallte es explosionsartig, und Dorothea und Doris sahen aus wie zwei Sahnetorten.

„Das war wohl nichts, Oma." Es sah ganz so aus, als ob Naßrasieren so schwierig war wie Holzhacken.

Dorothea grinste. „Geduld bringt Rosen, mein Kind. Wo ist der nächste Luftballon?"

Die Proben dauerten noch rund zwei Stunden, wobei elf Luftballons ihr Gummileben lassen mußten. Das Badezimmer sah schließlich aus wie Hettys Flur: weißgesprenkelt von oben bis unten, aber abwaschbar.

Irgendwann hatte Doris den glänzenden Einfall, daß Großvaters Haut vielleicht nur halb so empfindlich sei wie ein Luftballon und ihre Rasiererei dann schon in Ordnung ginge. Außerdem, meinte sie, sei das Rasieren von Opa bei weitem nicht so gefährlich, da dieser ja auf keinen Fall platzen könne. Höchstens aufschreien.

„Nicht schon wieder“, murmelte Dorothea erschöpft und beendete das Proberasieren.

Die Tage vergingen in eifriger Fürsorge. Natürlich hatte Dorothea F. H. am zweiten Tag ins Gästezimmer umquartiert. Aber irgendwie war sie doch froh und glücklich, ihn wieder bei sich zu haben. Die Werft lief zur Zeit ohne größere Schwierigkeiten, und Dorothea konnte sich ganz ihrem behinderten Exgatten widmen.

So schleppte sie ihn auch in ein Straßencafé, um ihm eine Abwechslung zu bereiten. Sie fütterte ihn mit seinem Lieblingskuchen und versäumte nicht, ihm in kurzen Abständen das Glas Tee an den Mund zu führen.

Still und wütend ließ F. H. alles über sich ergehen. Die Gipshände lagen hilflos auf dem Cafétischchen. Auch sein Gesicht sah etwas mitgenommen aus. Liebevoll zurechtgestutzte Pflästerchen bedeckten die tiefe-ren Rasierschnitte.

Im Gegensatz zu F. H. fühlte Dorothea sich sehr wohl, ja, sie genoß die Situation ausgiebig. Übermütig schnippte sie nach dem Kellner.

„Laß mich wenigstens zahlen, du Hexe“, raunte er ihr grollend zu.

„Wie denn, wie denn, mein Schatz?“ strahlte sie und lachte ein silberhelles verlogenes Lachen.

Unter Hettys strenger Aufsicht rissen Friedrich und Frank den Teppichboden aus dem Flur, als das Telefon klingelte. Ohne den Blick von ihrer arbeitenden Familie zu lassen, nahm Hetty den Hörer ab und machte plötzlich ein entsetztes Gesicht. Weit hielt sie den Hörer weg. Eine wahre Schimpfkanonade donnerte durch das Telefon.

Hetty nutzte eine Atempause zu dem Versuch, das Ganze zu versachlichen.

„Ich ... wieso? Wieso bin ich genau wie Mutter? ... Ja, der ist da.“ Ein wenig gekränkt reichte sie ihrem Mann den Hörer. Frank erhob sich mühsam aus seiner Hockstellung.

„Vater ...“ Gleich darauf hörte man Frank sein Bedauern aussprechen und dann sein tiefstes Verständnis versichern.

„Natürlich, Papa, natürlich hab ich welche. Ja, zwei Paar. Friedrich bringt sie sofort vorbei. Das ist doch ganz selbstverständlich. Tschüs.“ Frank legte den Hörer wieder auf.

„Vater will zwei Paar von meinen Slippern. Er bekommt Zustände, sagte er, wenn Frauen vor ihm knien und sich darum reißen, ihm die Schnürsenkel zuzubinden.“ Er schaute Friedrich fragend an.

Friedrich nickte.

„Darf ich sofort gehen, Papi?“

Er durfte, obwohl Hetty lieber erst den Teppichboden versorgt gesehen hätte.

„Das schaffe ich schon allein, meine Süße“, sagte Frank und riß heftig an dem alten Teppich.

Friedrich zockelte los, um die gewünschten Schuhe zu holen. Er ging ins Schlafzimmer und packte zwei Paar Slipper in eine Plastiktüte.

Mit einemmal hörte er aus dem Flur einen ohrenbetäubenden Lärm, der für jede nur denkbare Katastrophe eine wirkungsvolle Geräuschkulisse abgegeben hätte. Man konnte nichts ausschließen, weder eine Explosion noch einen Wasserrohrbruch – man mußte mit allem rechnen.

Friedrich hastete zurück in den Flur. Der Anblick, der sich ihm bot, war äußerst eindrucksvoll: Beim Herausreißen der alten Teppichware hatte Frank sich so ins Zeug gelegt, daß er sozusagen auf dem Zerreißpunkt des Unternehmens mit voller Wucht in die verglaste Zimmertür gestürzt war.

Hetty hatte zu Beginn der Aktion vergeblich vorgeschlagen, die Tür aus den Angeln zu heben und an der Wand abzustellen, um sie zu schonen. Das war nun nicht mehr nötig. Auch böswillig hätte man keinen üppigeren Sachschaden hinbekommen.

Mittlerweile war fast alles ruiniert. Der Lack, das Glas, die Wände. Mit etwas Geduld konnte man die totale Zerstörung der Wohnung abwarten.

Hetty stand stumm und verzweifelt. Frank war auch nicht sehr glücklich über seinen Kraftakt. Vorsichtig versuchte er, Hetty mit dem Zeigefinger versöhnlich am Unterarm zu streicheln.

Doch dafür war seine Frau jetzt wirklich nicht zu haben. Sie wandte sich ab und hielt die Hände vors Gesicht.

Friedrich schaute fassungslos auf seinen Vater.

„Wieso kann der Teppichbodenleger den alten Teppich nicht selber rausreißen? Das kommt bestimmt billiger.“ Dann rannte er so schnell er konnte aus der Wohnung.

Betont unauffällig betrat Friedrich, die Plastiktüte mit den Schuhen unter dem Arm, die Wohnhalle.

Dorothea hatte auf dem großen Eßtisch Bootspläne ausgebreitet und studierte sie aufmerksam. Auch ein Modellsegelboot stand auf dem Tisch. Dorothea blickte nur kurz auf.

„Na, mein Junge, wie geht's?“

„Tag, Oma, wo ist Opa?“

Dorothea vertiefte sich wieder in ihre Pläne.

„Dein Großvater hat sich versteckt.“

Friedrich staunte: „Ach.“

Dorothea zeigte auf die Kellertür. Als sie den etwas besorgt fragenden Enkelblick sah, sagte sie besänftigend: „Nein, Friedrich, wir haben keinen Krach. Er hat lediglich Durst.“

Friedrich stieg ahnungsvoll in den Keller hinab. Dort saß F. H. auf dem Schlagzeughocker. Vor ihm auf einer Trommel standen drei geöffnete Weinflaschen, und in jeder steckte ein langer bunter Strohhalm. Als Friedrich hereinkam, lutschte F. H. gerade an dem grünlichen Halm der mittleren Flasche.

„Prost, Opa.“

Der Großvater schielte ihn an. „Es ist einfach entwürdigend.“

Friedrich packte die Slipper aus, und F. H. entschied sich für das schwarze Paar. Er schleuderte die Pantoffeln in eine Ecke und schlüpfte in das bequeme italienische Schuhwerk. Dann schaute er seinen Enkel an und schüttelte den Kopf.

„Friedrich, ich bin nur ein halber Mensch.“

Friedrich deutete auf die Flaschen: „Und wer hat sie dir aufgemacht?“

F. H. gestand, daß er Frau Sitiç bestochen hatte.

„Aber Oma weiß, daß du hier unten säufst.“

„Klar, sie weiß immer alles.“ F. H. seufzte tief und nachdenklich. „Wir sind überhaupt ein wundervolles Paar.“

„Wollen wir nicht ein bißchen herumlaufen, Opa?“

F. H. schaute zweifelnd.

„Mit diesen Händen rühre ich mich nicht mehr vom Fleck. Ich komme mir einfach lächerlich vor.“

Aber Friedrich hatte beschlossen, außer Haus zu gehen, und so sah man die beiden kurze Zeit später die Straße entlangmarschieren. F. H. hatte den Trenchcoat über den rechten Arm gelegt und über den linken scheinbar spielerisch eine sportliche Mütze. Er sah aus wie jeder andere Spaziergänger auch. Krampus ging brav bei Fuß.

Friedrich meinte: „Ihr müßt bald wieder heiraten, Opa, sonst habt ihr doch nichts mehr vom Leben. Oma gibt dir bestimmt keinen Korb, wenn du sie noch mal fragst.“

Da war sich F. H. nicht so sicher. Er hielt es für besser, wenn Dorothea diesmal ihn fragte. Beim erstenmal habe er es ja schon getan. Aber sie sage keinen Ton, statt dessen führe sie sich wie eine Verrückte auf und behandele ihn wie ein Kleinkind.

„Weißt du, was sie heute mittag gemacht hat? ‚Ein Gäbelchen für Hetty, eins für Friedrich‘ ... Sie nutzt einfach meine Situation aus.“

Plötzlich fegte Krampus los und riß Friedrich fast um. Die Liebe hatte im wahrsten Sinne des Wortes bei ihm eingeschlagen. Krampus hatte in einiger Entfernung eine entzückende Hundedame entdeckt.

Noch im Stürzen ließ Friedrich die Leine los, und Krampus galoppierte auf die Angebetete zu.

F. H. und Friedrich bemühten sich vergeblich, den Bernhardiner zu bremsen – alles Schreien und Pfeifen war umsonst.

Inzwischen war auch die Besitzerin der Hündin aufgetaucht. Wiederum eine Mittvierzigerin, attraktiv, vollschlank und sehr neugierig auf den gutaussehenden älteren Herrn. Auf F. H.

Friedrich gefiel das ganz und gar nicht.

Zur selben Zeit fuhren Dorothea und Hetty vor dem Standesamt vor. Dorothea stieg entschlossen aus. Hetty lächelte etwas unschlüssig, aber Dorothea zog sie an der Hand ins Gebäude. Sie hielten sich nur kurze Zeit dort auf.

Kurz nachdem der Porsche abgefahren war, zerrte Doris Werkmeister Binnenbruck ins Standesamt. Binnenbruck schüttelte immer wieder den Kopf. Schließlich landeten sie im Büro des Standesbeamten. Verlegen machte Doris einen Knicks.

„Guten Tag. Können wir hier heiraten?"

Der Standesbeamte schaute erst Doris an, dann Binnenbruck. Er runzelte die Stirn. Er war ein Mann, der zwar von einem berufsmäßigen Lächeln lebte, aber an und für sich ein griesgrämiges Gesicht hatte. Er meinte, daß das im Prinzip schon ginge. Das war eine ganz undeutliche Amtsantwort.

„Was heißt ‚im Prinzip'?" erkundigte sich Doris, der diese vage Bejahung nicht genügte.

Der Beamte beharrte darauf, daß „im Prinzip: ja" hieß: prinzipiell ja, also ja.

„Warum sagen Sie dann nicht gleich ‚ja'?" fragte Doris verärgert.

Der Beamte nahm seine Brille ab, beugte sich zu dem Mädchen herüber und erklärte ihr, er sage deshalb nicht „ja", weil es prinzipielle Ausnahmen gäbe.

Doris wandte sich an den Werkmeister Binnenbruck. „Verstehst du das alles? Also, wenn wir hier nicht heiraten können, gehen wir zur Konkurrenz.“

„Man kann ja hier heiraten“, ächzte der Standesbeamte.

Doris triumphierte: „Na, also. Jetzt hat er es ja eingesehen.“ Sie erklärte dem Griesgram, es müsse lediglich sehr schnell gehen.

Dem Beamten wurde erneut ungeheuerlich zumute, und sein forschender Blick pendelte zwischen Doris und dem Werkmeister hin und her. Doris rollte mit den Augen, als sie dem stieren, etwas verständnislosen Blick des Beamten begegnete.

„Meine Oma ist alt und mein Opa auch. Da muß es dann schon mal fix gehen.“

Werkmeister Binnenbruck übersetzte das noch einmal in Klartext. „Es verhält sich so, daß die Großmutter des kleinen Fräuleins wieder in den Stand der Ehe treten möchte.“

„Antragsteller einer Ehe sind die zukünftigen Ehepartner“, bemerkte der Beamte trocken. „Sie müssen ihren Willen erklären.“

„Sie wollen“, murmelte Doris, „aber sie wissen es noch nicht.“

Der Beamte schlug vor, die Großeltern sollten sich persönlich herbemühen. Doris wurde nervös.

„Schreiben Sie sich am besten schon mal die Namen auf, dann ist wenigstens das erledigt“, meinte sie. „Denn wenn Sie meiner Großmutter erst mit ‚Im Prinzip: ja‘ kommen und dann mit ‚Im Prinzip: nein‘, dann überlegt sie es sich am Ende noch anders.“

Der Überschwang des jungen Mädchens hatte den Beamten etwas verschreckt. Er setzte eine eiskalte Miene auf und wehrte sich verzweifelt mit „Erlauben Sie bitte“, „Wir sind hier schließlich eine Behörde“ und ähnlichen Sprüchen.

Jetzt erregte sich auch noch Binnenbruck darüber, daß eine Behörde einer jungen Staatsbürgerin das Recht verweigerte zu erfahren, welche Schritte nötig sind, um den wichtigsten Schritt des Lebens zu tun. „Und nun kommen Sie mal mit den nötigen Unterlagen rüber."

Beim Standesbeamten meldete sich offensichtlich ein Zwölffingerdarmgeschwür. Er schnappte nach Luft, holte die Formulare aus einer Schublade und reichte sie über den Schreibtisch.

Doris lernte, daß ein Befehlston bei einer Behörde offenbar besser sei als ein unsicherer Frageton. Sie beendete die Unterhaltung mit einem forschen: „So, und nun schreiben Sie sich mal die Namen auf: Dr. F. H. Vollmer und Ehefrau Dorothea Vollmer, geborene Teufel."

Dem Standesbeamten fielen fast die Augen aus dem Kopf.

„Vollmer und Dorothea Teufel", murmelte er kraftlos vor sich hin.

„Kennen Sie die Dame?" fragte Binnenbruck erstaunt.

Der Standesbeamte nickte nur still mit dem Kopf.

Auch auf der Hundewiese blieb das Leben nicht stehen. Im Gegenteil. Die hübsche Mittvierzigerin hatte sich bis auf einige Schritte an F. H. und seinen Enkel herangemacht. Mit dem Blick auf Krampus und das Hundemädchen, die fröhlich herumtollten, knüpfte sie ein Gespräch an.

„Ein prächtiges Tier, und so stark. Gehört es Ihnen?" Daraufhin folgte ein Augenaufschlag, der das Training von mindestens dreißig Jahren verriet und dem sich F. H. nicht entziehen konnte. Er lächelte gespielt verwirrt und nickte.

Friedrich erkannte die Gefahr, in der sein Großvater schwebte, und korrigierte kühn: „Entschuldigen Sie, Herr Dr. Vollmer, der Hund gehört nicht Ihnen, er gehört Ihrer Frau."

Das vollschlanke Gift blickte verwirrt. F. H. grollte innerlich mit seinem Enkelsohn.

Doch Friedrich ließ sich nicht beirren. Hier handelte es sich um eine Notsituation. Er nahm seinem Großvater die Mütze von der linken Gipshand und sprach im verbindlichsten Krankenhauston: „So, und nun setzen wir das Mützchen wieder auf, und ich bringe Sie zurück ins Heim."

So langsam er gesprochen hatte, so schnell handelte er. Er setzte dem Großvater die Mütze auf den Kopf, legte Krampus an die Leine und zerrte Herrn und Hund davon. Beide fühlten, daß Widerstand zwecklos war.

Als Friedrich Großvater und Hund in Sicherheit wußte, blieb er erschöpft stehen. F. H. war außer sich.

„So bin ich noch nie in meinem ganzen Leben beleidigt worden. Das ist das Letzte."

Friedrich reagierte nicht. Der Großvater brummelte vor sich hin. Friedrich drehte sich noch einmal nach der blonden Gefahr um. Himmel, dachte er, um Haaresbreite gerettet. Jetzt aber nichts wie los. Und er zog F. H. durch die Straßen, direkt zum Standesamt.

Auch sie betraten das Büro des geplagten Standesbeamten. Der blinzelte fragend nach oben.

„Bitte, Sie sind doch zuständig für Hochzeiten?"

Der Standesbeamte nickte verbindlich.

„Dann möchte ich die erforderlichen Unterlagen für eine Eheschließung und eine Vormerkung bei Ihnen eintragen lassen."

Friedrich war hingerissen. Sein Großvater meinte es ernst.

„Bravo, Opa."

Der Beamte rüstete sich zum Schreiben. Er hauchte

seinen Kugelschreiber an, was etwas Zeit in Anspruch nahm, dann fragte er klar und deutlich: „Name?“

F. H. antwortete ebenso klar und deutlich: „Eheleute Vollmer, meine Frau geborene Teufel.“

Da tat es einen dumpfen Schlag. Der Standesbeamte war vor Schreck von seinem Drehstuhl gekippt.

In Hettys Reich war alles wieder in Ordnung. Der Flur sah prächtig aus. Der neue Teppichboden war gelegt, und auch sonst hatte sich einiges verändert.

Als Frank aus seinem Labor zurückkam, erwartete ihn Hetty schon. Mißtrauisch fragte Frank: „Hast du etwas gekocht, oder leben wir wieder gesund?“

„Gulasch für dich“, lächelte sein Eheweib ihn an. „Nach einem alten Rezept von Mutter.“

Frank war sicher, daß da noch eine Überraschung fällig war. Auch die Kinder fanden sich heute rechtzeitig zum Essen ein. Friedrich fing das Thema an, das in der Luft lag.

„Mami hat heute schon den ganzen Tag gute Laune.“

Hetty wollte das Geheimnis noch ein bißchen für sich behalten und lenkte Frank damit ab, daß sie ihm erzählte, sie habe ein paar Löffel Weizenkleie als Ballaststoffe unter das Gulasch gezogen. Zur Sicherheit.

Frank grinste. Klar. Irgend etwas Gesundes mußte doch in jedem Essen sein.

Doris kam ihrem Bruder zu Hilfe.

„Ich weiß etwas, was ihr nicht wißt.“

Friedrich grinste. „Ich auch.“

Hetty gab sich geschlagen. „Auch ich muß euch in aller Form etwas mitteilen. Aber es muß vorläufig noch unter uns bleiben.“

Friedrich platzte los· „Opa heiratet.“

Frank war erstaunt. „Ach, wen denn?“

„Oma heiratet auch“, trompetete Doris.

Frank schaute seine Tochter an und war noch erstaunter. „So, aha, und wen heiratet sie?“

„Ich war mit Opa auf dem Standesamt“, trumpfte Friedrich auf.

„Und ich mit Herrn Binnenbruck“, triumphierte Doris.

Frank schüttelte den Kopf. Wen wohl Herr Binnenbruck heiraten wollte?

Auch in der Villa Dorothea saß man gemütlich am langen Tisch in der Halle beim Abendessen. Also eigentlich nur Dorothea und F. H.; sie saßen sich gegenüber. Jeder hatte ein Glas Wein vor sich stehen. F. H. nippte an seinem Strohhalm, und Dorothea schaute ihm liebevoll zu.

„Ich möchte dich um deine Hand bitten, F. H.!“

F. H. stutzte, hob die Gipshände hoch und lachte das erste vergnügte Lachen seit langem.

Dorothea lächelte. „Vor fast vierzig Jahren hast du mich darum gebeten. Und ich habe ‚ja‘ gesagt. Weißt du noch?“

F. H. wußte es noch. Er hatte nie aufgehört, Dorothea zu lieben. Auch nach der Scheidung nicht. Eigentlich war ihm überhaupt nicht klar, warum sie sich hatten scheiden lassen. Sie waren ohnehin auch nachher jeden Tag beisammen gewesen.

Dorothea stand auf, setzte sich auf den Stuhl neben ihn und streichelte ihm eine Gipshand.

„Als du sechzig wurdest, kamst du einfach in die Flegeljahre. Angefangen hat es mit deinem albernen Robin-Hood-Pepitahut und diesen Sambaschuhen. Dann das idiotische Auto. Jedem Rockzipfel hast du hinterhergeguckt.“

F. H. schmunzelte in sich hinein und nippte wieder an seinem Strohhalm.

„Aber ich bin dir immer treu geblieben“, verteidigte er sich fröhlich. Und wie zwei Jungverliebte steckten sie plötzlich in Reiseplänen.

„Ich möchte mal nach Rio de Janeiro zum Karneval“, schwärmte F. H., leicht berauscht vom Wein und von der Idee.

„Oder wir könnten mit dem Auto quer durch Amerika fahren. Von New York bis San Francisco. Nur du und ich“, sagte Dorothea. Sie wäre jetzt mit allem einverstanden gewesen.

„Gut“, strahlte F. H., „also wirst du in Zukunft nicht mehr soviel arbeiten.“ Forschend schaute er ihr ins Gesicht.

„Doch“, antwortete Dorothea prompt, und er war sehr erleichtert.

„Gott sei Dank. Wenn du jetzt gesagt hättest, du würdest mit mir nach Rio fahren und mit dem Auto quer durch Amerika, hätte ich mir das mit der Hochzeit noch mal überlegt.“

„Keine Angst, mein Engel“, tröstete ihn Dorothea, ging wieder zu ihrem Platz und zog unter ihrem Stuhl die fertigen Standesamtsunterlagen hervor.

„Ich hab mir mal für alle Fälle die Papiere besorgt. Daran soll es nun wirklich nicht scheitern.“ Sie legte sie vor ihn auf den Tisch.

F. H. stand auf und sagte, das könne er gut verstehen, hob mit dem Fuß den Teppich hoch und deutete auf seine darunter versteckten Formulare, fein säuberlich ausgefüllt von Friedrich.

In diesem Augenblick klingelte es an der Tür. Es war Binnenbruck. Feierlich überreichte er einen Schwung Unterlagen.

„Na ja, Chefin, ich dachte mir, es ist vielleicht besser, ich bringe sie vorbei. Doris und ich haben sie einfach schon mal ausgefüllt.“

Einige Wochen später traute der Standesbeamte Dorothea und F. H. zum zweiten Mal in ihrem Leben. Die ganze Familie und die Mitarbeiter der Teufel-Werft waren natürlich gekommen, um dem feierlichen Akt beizuwohnen.

„Hiermit erkläre ich Sie zu Mann und Frau. Sie können jetzt die Ringe tauschen."

Dorothea steckte sich den Ring selber an, F. H. hob mit einem hinreißend hilflosen Lächeln seine Gipshand.

Dorothea steckte ihm seinen Ring in die Brusttasche des Anzugs und flüsterte ihm leise zu: „Laß das ja nicht zur Gewohnheit werden."

F. H. schüttelte den Kopf. Der hilflose Blick war verschwunden. Jetzt grinste er ziemlich keck.

Dann verließen sie das Standesamt und bestiegen Dorotheas Porsche, der mit Blechdosen geschmückt laut und klappernd davonröhrte. F. H. winkte den Zurückbleibenden mit seiner Gipshand. Viele Taschentücher wurden geschwenkt.

Als Dorothea und F. H. auf eine Straßenkreuzung zuratterten, sahen sie plötzlich den Polizisten Gisbert. Er hatte anscheinend schon auf Dorotheas Porsche gewartet. Er stoppte den ganzen Verkehr und machte den Weg für den Porsche frei.

In Dorotheas Villa trafen sich alle zur Hochzeitsfeier. Der Polizist Gisbert hatte es sich nicht nehmen lassen, das Blasorchester der Berliner Polizei zu mobilisieren. Sie spielten natürlich den Hochzeitsmarsch.

Im Haus wartete schon die Tango-Gruppe, die Friedrich organisiert hatte. Die jungen Leute hatten sich in Schale geworfen und standen mit pomadisierten Haaren und geliehenen dunklen Anzügen herum. Die Mädchen trugen Kleider aus den dreißiger Jahren. Alle schwatzten durcheinander und waren albern und aufgeregt.

„Opa hat ausdrücklich gesagt, ich soll alle meine Freunde mitbringen", erklärte Friedrich seiner Großmutter. Sie versetzte ihm einen freundlichen Kinnhaken.

Dann wurde Tango gespielt, und F. H. führte seine Frischangetraute trotz Gipshänden zum Tanz. Es folgten Hetty und Frank, Doris mit Werkmeister Binnenbruck und Friedrich mit Nicole.

Es wurde ein rauschendes Fest; alles trank und sang durcheinander.

Stefan brüllte Dorothea zu: „Und Sie fahren wirklich nach Rio?“

„Ja“, schrie sie zurück. „Und durch fast ganz Südamerika. Überallhin, wo es schön ist.“

Doch das Schicksal geht oft seine eigenen Wege. Und wenn man glaubt, es käme so oder so, die Zukunft habe dies und das für einen bereit, kommt es sicherlich anders.

Ein paar Tage später sah man Dorothea und F. H. in der Parkanlage einen Kinderwagen vor sich herschieben. F. H. war zum erstenmal ohne Gips. Das war ja schon etwas.

„Nach Rio können wir immer noch“, sinnierte er und kratzte sich seit langem wieder mal mit dem Zeigefinger am Kopf.

„Ach, weißt du“, lächelte Dorothea, „die ganze Welt steht uns offen. Wir brauchen nur ein bißchen Zeit.“ Damit rückte sie den Erstgeborenen ihres Sohnes Thomas in den Kissen des Kinderwagens zurecht und fing schon wieder an, Pläne zu machen.

Leseprobe aus dem ebenfalls im Loewes Verlag erschienenen Buch von Justus Pfaue „Oliver Maas“:

Ein Unglück ist überall eine Sensation. In Deutschland genauso wie in Frankreich, Amerika oder in Süditalien. Im Nu hatte sich die Presse versammelt, denn in Windeseile hatte sich herumgesprochen, daß ein berühmter Archäologe einem noch berühmteren Gotenkönig auf der Spur sei, ihn gefunden hätte und nun, von Schlammmassen zugeschüttet, nahezu unrettbar neben seinem König läge.

Esteban hatte blitzschnell die Rettungsarbeiten hervorragend organisiert. Bergungsfachleute waren eingetroffen. Einer dieser klugen Herren entdeckte sofort, daß die Arbeiten durch eine seltsame Gasentwicklung am Boden des Brunnens sehr erschwert werden würden. Zudem gelänge man mit einer Sonde kaum in die Tiefe. Aber es sei ja immerhin schon ein großer Schritt, daß man wüßte, wo der Vermißte liegt.

Der Korrespondent des deutschen Fernsehens, der normalerweise in Rom lebte, war natürlich auch mit einem Kamerateam zur Stelle. Immerhin: deutscher Wissenschaftler, berühmter König und ein Junge, von dem man in den letzten Tagen schon eine Menge gehört hatte. Das versprach einiges!

Die Rettungsarbeiten gingen zügig voran. Nachts wurden Scheinwerfer installiert, und Arbeiter in gelber Schutzkleidung wieselten durcheinander. Schließlich kam auch noch eine Rettungssonde aus Bologna. Sie wurde an eine Seilwinde gehängt.

Oliver rührte sich nicht von der Stelle. Äußerlich blieb er ruhig. Natürlich hörte er, wie hinter vorgehaltener Hand geflüstert wurde, daß das Gas lebensgefährlich sei und daß Dr. Maass kaum eine Chance hätte.

Aber Oliver konnte ruhig bleiben, denn er wußte, am nächsten Tag würde sein Vater noch leben. Er hatte es schließlich gesehen. Paganinis Geige hatte es ihm verraten ... Verraten? Wirklich? Die Geige hatte ihn zumindest noch nie angelogen. Und Esteban, der auch unbewegt die Rettungsarbeiten beobachtete, blieb ruhig, seltsam ruhig. So vertraute Oliver auf den nächsten Tag, auf die Geige und am meisten auf sich.

Genau pünktlich zur Sendezeit in Deutschland trat ein Reporter an die Rettungsstelle.

„Die archäologische Sensation, meine Damen und Herren, ist perfekt. Das Grabmal des sagenumwobenen Theoderich des Großen befindet sich hier im Garten der Villa Tritone. Bei den schwierigen Grabungsarbeiten verunglückte der deutsche Archäologe Dr. Michael Maass. Die Rettungsarbeiten gestalten sich schwierig. Aber Dr. Maass hat einen wichtigen Verbündeten: seinen Sohn Oliver Maass. Viele unserer Zuschauer werden sich erinnern. Oliver ist der Retter der kleinen Sylvia Wilcke, die auf wundersame Weise von unserem jungen Freund in einer Münchner U-Bahn wiedergefunden wurde."

Der Reporter schubste Oliver vor die Kamera und fragte ihn: „Wie hast du das gemacht? Wie hast du deinen Vater gefunden?"

„Ich weiß es eben", antwortete Oliver recht patzig.

Juliane, die diese Sendung natürlich zu Hause am Fernseher verfolgte, sprang auf und rief zu Welter, der bei ihr war: „Komm, wir müssen sofort zu meiner Großmutter."

Juliane hatte sich glücklicherweise vergeblich Sorgen um ihre Großmutter gemacht.

Wie fast immer verfolgte Louise die Nachrichten nicht. Sie saß in ihrem Salon, hatte die schweren Samtvorhänge zugezogen und starrte stumm auf ein Foto, das ihren Sohn Michael als kleinen Jungen zeigte. Das Hörgerät hatte sie abgeschaltet, so konnte sie nicht hören, daß Welter und Juliane den Raum betraten.

Juliane ging zum Fernsehapparat und schaltete ihn ein. Wenigstens in den Spätnachrichten wollte sie vollständig den Bericht aus Ravello sehen. Schweigend warteten Juliane, Welter und Louise auf die ihnen allen vertraute Melodie, die die Nachrichtensendung ankündigte.

Dann kam der Bericht. Die Bergungsarbeiten in Ravello waren inzwischen fortgeschritten. An der Ausgrabungsstelle befand sich jede Menge technisches Gerät sowie ein kleiner Kran. Durch den furchtbaren Regen der vergangenen Nacht war alles noch vollkommen verschlammt. Eine Pumpe beförderte Wasser aus dem unterirdischen Gewölbe. Man erkannte auch die Fotoreporter, die am Rande der Grube gierig auf ihre Sensation warteten, und auch den Grafen Esteban, der sich wie immer im Hintergrund aufhielt. Ein Fernsehreporter interviewte Oliver. Oliver wirkte gelassen und ruhig – man könnte auch sagen: gefaßt!

„Das Geheimnis des Grabes hast du entdeckt. Wieso?"

Oliver ging darauf nicht ein. „Vater bekommt kaum noch Luft. Ihr müßt euch jetzt beeilen! Es ist das Gas!"

„Woher weißt du denn das?" Der Fernsehreporter schaute Oliver überrascht an.

„Ich weiß es eben", gab Oliver patzig zur Antwort.

„Wieso weißt du etwas, was niemand wissen kann?"

„Ich spüre das eben, wie man so etwas eben spürt", sagte Oliver.

„Hast du eine besondere Fähigkeit?"

„Ja", sagte Oliver kurz angebunden.

„Was für eine?" fragte der Reporter. Er ging dicht an Oliver ran.

„Kannst du in die Zukunft schauen?“

Oliver lächelte und blickte in die Kamera, sagte aber keinen Ton.

Graf Esteban hatte das Interview gespannt verfolgt und fühlte sich nunmehr in seiner Meinung bestätigt, daß Oliver sehr eitel geworden war und sich ganz offensichtlich in der Rolle des in der Öffentlichkeit stehenden Helden wohl fühlte.

Der Reporter kommentierte weiter: „Was immer die Fähigkeiten des Oliver Maass sein mögen, die Fakten stimmen bedenklich. Seinem Sohn hat es Dr. Maass zu verdanken, daß man ihn fand und einen Kontakt mit ihm herstellen konnte.“ Der Reporter wandte sich jetzt in die Kamera. Er tat das, was viele Fernsehreporter als Hintergrundinformation bezeichnen, in der sie sich immer besonders wichtig tun.

„Laß doch das Gelaber“, schimpfte Juliane in Richtung Fernsehapparat. Die Tränen standen ihr bereits in den Augen, und Welter verknotete seine Finger.

Auch Großmutter Louise nahm ein Papiertaschentuch, das ihr Juliane reichte. Sonst benutzte sie immer Spitzentaschentücher. Sie weinte so stark, daß ihr Taschentuch innerhalb kurzer Zeit völlig durchnäßt war. Aus verheulten Augen heraus beobachtete sie Esteban, der als einziger ruhig an der Unfallstelle stand, während alle aufgeregt herumrannten.

Während man in München beschloß, Juliane zur Verstärkung und Unterstützung, vielleicht sogar zur Rettung von Oliver nach Süditalien zu schicken, waren die Bergungsarbeiten am Grab Theoderichs des Großen in die Endphase getreten. Die Reporter drängten immer dichter an das Einstiegsloch, als Fedderico und Renzo die Bergungssonde herantrugen. Oliver sprang in die schlammige Baugrube, ungeachtet des Drecks. Der Fernsehkameramann hielt natürlich alles fest. Auch

Esteban trat nun an die Baugrube heran und sah Oliver fest in die Augen.

Zwei Bergungsspezialisten in gelbem Ölzeug versuchten, die Bergungssonde, die an einem Kran hing, durch den schmalen Zugang, der mühsam gebohrt worden war, zu schieben.

Fedderico sprang vor. Er wollte runtergehen. Oliver schaute Fedderico an und sagte bestimmt: „Nein, Fedderico, ich werde gehen!"

Renzo schüttelte den Kopf.

„Aber wenn dein Vater verletzt ist, wirst du ihn nicht allein in die Sonde tragen können. Er ist doch viel zu schwer."

„Mein Vater ist nicht schwer verletzt", entgegnete Oliver kühl.

Renzo streichelte ihm über den Kopf und versuchte ihn zu beruhigen.

„Natürlich, Oliver, das hoffen wir auch."

Oliver blieb hartnäckig: „Aber ich weiß es. Es ist die Luft, nur die Luft. Er hat irgend etwas Schlimmes eingeatmet. Es ist die Luft, und die ist giftig." Dann blickte er alle Anwesenden herrisch an und bestimmte: „Ich helfe meinem Vater und sonst niemand!"

Renzo und Fedderico fanden das großartig und blickten den Jungen bewundernd an.

Von einem Spezialisten wurde Oliver nun in die enge Rettungssonde geschnallt. Der Fernsehreporter wies seinen Kameramann an, alles ganz genau aufzunehmen. Ihm war mittlerweile dieser deutsche Junge unheimlich geworden. Langsam verschwand die Sonde in der schmalen Öffnung der Grabkammer. Immer dichter versuchte der Fersehkameramann an den Ort des Geschehens heranzukommen. Als die Sonde nicht mehr zu sehen war, brach er die Aufnahmen ab.

Graf Esteban war neben den Fernsehreporter getreten, als dieser gerade zu seinem Kameramann sagte:

„Erstaunlich, wie mutig und selbstbewußt dieser Junge ist . . .“

„Ja, was wollten Sie noch sagen?“

„Er ist auch anmaßend, Graf Esteban.“

Graf Esteban lächelte fein. „Ein böses Wort, mein Herr. Oliver ist hochbegabt – und uns allen ein bißchen überlegen, nicht wahr?“

Obwohl es eigentlich stockdunkel in der Grabkammer hätte sein müssen, war sie immer noch bläulich ausgeleuchtet. Oliver trug vor dem Mund ein Atemgerät und leuchtete mit einer starken Halogenlampe, die ihm die Arbeiter mitgegeben hatten, die Grabkammer aus. Zum ersten Mal war Oliver richtig in der Grabkammer, nicht nur in seinen Träumen und Visionen, oder wie man es sonst nennen mag. Das bläuliche Licht strahlte von der Krone auf dem Sarkophag.

Michael Maass lag bewußtlos am Boden. Oliver schlüpfte aus der Sonde und richtete den starken Scheinwerfer auf seinen Vater. Mit der freien Hand hob er seinen Kopf hoch, legte die Halogenlampe auf den Boden, löste die Atemmaske und drückte sie Michael gegen den Mund. Oliver hielt so lange die Luft an, wie es ging.

In bestimmten Situationen, wenn man zu ersticken droht oder wenn man ein Leben retten will, wie Oliver es jetzt bei seinem Vater versuchte, dann kann man sehr, sehr lange die Luft anhalten. Früher hatte Oliver das oft in der Badewanne ausprobiert. Nur so aus Spaß: Luft anhalten, Kopf unter Wasser und dabei auf die Uhr schauen. Mehr als vierzig Sekunden hatte er dabei nie geschafft. Jetzt war es viel, viel länger.